STEF STAUFFER
AFFEZANG

Die Autorin und der Verlag danken für die Unterstützung:

Der Zytglogge Verlag wird vom Bundesamt für Kultur mit einem Strukturbeitrag für die Jahre 2021–2024 unterstützt.

Lektorat: Angelia Schwaller
Korrektorat: Jakob Salzmann
Coverbild: Stef Stauffer
Layout/Satz: Layout/Satz: 3w+p, Rimpar
Druck: CPI books GmbH, Leck

ISBN: 978-3-7296-5147-0

www.zytglogge.ch

Stef Stauffer

AFFE
ZANG

Roman

ZYTGLOGGE

No we me wüsst,
dass d Wäut morn ungergieng,
würd me hinech d Zäng putze.

Barsselona

Mi chönn itz äbe nümm so grossi Gümp mache, der Tesla mög das nid verlyde. Dersider dass me dä Tesla heig, oder besser gseit, sider dass dä o efangen es paar Jährli uf sim Buggu heig, so, wi me säuber o mit sine bau achzgi, sider denn bewegi me sech ender so chlei im ene chlynere Radius. Aber so ne Tesla chönn doch, hei de di zwee gmeint, die zwee, wo men im erschte Momänt grad nid het gwüsst, wo häretue u eim ihrer Näme nid hei wöuen i Sinn cho, die zwee, wo im Momänt grad zimlech dick sygi mit em Zägg, wi si du gmacht hei, di hei de auso gmeint, so ne Tesla mög doch o fange fei wyt fahren u vor auem schnäu, u tanke, auso lade, chönn men o efangen überau, das syg doch Standart, das syg doch kes Problem. Mi chönni ja jederzyt es Pöiseli mache, es gäbi nüt z pressiere, mi müessi ja nid umbedingt i eim Chutt uf das Spanien ache. Är, der Tesla, syg äbe scho chlei euter, het me de no einisch betont, chlei euter u nümm so ganz hundert, auso nümm so ganz hundert im Schuss u drum es Risiko uf Reise. De chönn me doch der Fräne frage, hei si drufabe wöue nachetopple, dä heig nämlech es Bössli, das syg zwar o nid ds schnäuschte, aber zueverläässig wi numen öppis, u derzue heig me meh aus gnue Platz, u das syg doch fasch ds Wichtigschte, we me zäme mit em Zägg uf das Barsselona wöug. Dass me gar nid uf das Barsselona wöugi rössle, no nid emau mit emene Bössli, het me du lieber für sich bhauten u gseit, ohni Tesla göng me niene hie, was mit Chopfschüttlen isch zur Kenntnis gno worde. Im Auter wärdi d Lüt o nid grad eifacher, het me se ghöre dänke, u für di Stiui z überbrügge, het du Chlöisu fange mau gfragt, weli Farb de dä heigi, dä Tesla. Es isch so ne richtegi Verlägeheitsfrag gsi, het s eim ddünkt, aber wüu me der Chlöisu nid het wöue brüskiere, het me du

gseit, schwarz. Gobschon das eso gar nid würklech gstumme
het. Aber ds Schwarz het überwogen u aues angere wär iritie-
rend gsi. Schigg, het der Töbu gmacht u när isch es wider stiu
gsi. Mi mües itz langsam, het me gmacht, wüus nüt meh z
säge het ggä a dere Steu am Iigang vor em Goop, wo me fasch
zämeputscht wär, dert zwüsche Bluemenärden un em Glas-
sammukonteiner, i däm ängge Durchgang, wo di einte hei
ichen u di angere hei use wöue u Dritti no es Chörbli hei
wöue reiche, es Chörbli, wo uf der Bigi uf der lingge Syte
gstangen isch oder mängisch uf der rächte, u mi wär auso
fasch zämeputscht, wo men isch usecho u di angere hei iche
wöue. Es Chörbli hei si kes derby gha, aber glii het ds einte ds
angere ggä, aber dass me grad z Barsselona würdi lande, hätt
me nid vermuetet. Irgendwie het eim das e ds grosse Gump
ddünkt, für dass me nume hurti het wöue ga nes Pulee-
brüschtli reiche. Mi mües, het me drum gseit. Äuä zum Tesla,
het Chlöisu ggrinset, u mi het gseit, genau, das syg eso, eleini
syg er äbe o nid gärn, u zäme het me glachet, u säuber het me
gfunge, di zwee sygen emu nid di Letschte, aber grad uf Bars-
selona mües me ja de gliich nid grad mit ne. Si söug doch
mau zum Znacht cho, het me gmacht, bevor me sech das bes-
ser überleit het, der Zägg chönn si natürlech de o grad mit-
näh, de chönni me zmingscht de jasse, faus es eim längwylig
würdi, we me nüt meh z rede hätti gha. Ihne göng der Stoff
nie uus, het der Töbu gmeint, was men ihm nid nume
ggloubt, sondern gwüsst het, wüu er ja, wi eim plötzlech isch i
Sinn cho, e Lehr aus Chemiilaborant het gmacht gha un er
derzue no bekannt derfür isch gsi, dass sis Gras zäntume ds
fiinschten isch gsi u sini Plantaaschen eini vo de gröseren i
der Region. I Sache Kwalität het men us Erfahrig gredt, wüu
der Dokter Lädermaa eim scho vor Jahre Hamf empfole het
gha, gäg au der Gattig Bräschte, wo ds Euterwärde so mit sech
bbracht het. U so het me deheimen o ging es Büchsli vou vo

däm Züüg im Chuchischäftli gha, vo däm Chrutt vom Töbu, wo eim der Zägg ging wider nachegfüut het, für dass me het chönnen es Tee machen oder Guetzli bache dermit. D Druschinska hets eim zwar einisch bim Useputze furtgschosse, wüu si bim Dranneschmöcke gmeint het gha, es sygi abglüffnigs Teechrutt, sider dass me di Sach aber mit ihre klärt het, ohni se auzu fescht mit herte Tatsache z konfrontiere, wüu sie das eventuell nid verstangen oder aber bi der Diräkzion gmäudet hätt, wüu si en überuus koräkti Pärson isch gsi, was me guet het chönne nachevouzie bi däm Rucksack, wo sie mit sech umetreit het, sider dass me das auso klärt het gha, het das Büchsli si Platz im Schäftli gha u mi het gluegt, dass eim säuber der Stoff o nid usggangen isch. Mit em Jassen aber het das nüt z tüe gha, ussert mi hätt derzue es paar Guetzli ggässe, o nid mit em Gsprächsstoff, we men aber drüber het nachegstudiert, de wär eim ds Jasse de scho fasch lieber gsi, weder ds Gspräch wider öppen uf ds Reisen oder öppe no uf das Barsselona la z cho. Mi het druf gspaniiflet, di Giele würdi mit Chrütz u Schufle gforderet gnue sii, für nid no einisch uf settig Gedanke chönne z cho. Mi het sowiso vermuetet, das Barsselona mües itz ender so ne Furz sii, für dass men öppis z plöiderle heig hie vor em Goop, wüu ds Wätter, wo sech sider Wuche vo sire längwyligschte graue Syte weder warm no chaut zeigt het, sech irgendwie grad nid so aus Thema het wöuen aabiete, ussert dass es äbe scho chlei het mögen afa herbschtele u di zwee sech drum vilech gedanklech so chlei mit em Süde hei möge beschäftige. Uf au Fäu het me zämen abgmacht gha, no bevor me das no einisch hätti chönnen überdänke, u di zwee hei gfunge, si sygi ja gspannt uf di Residänz, wo si scho so viu dervo ghört heigi. Residänz syg da itz vilech z viu gseit, het men ihri Öiforii bbrämset, es göngi da nume grad um zwöi Zimmer mit Chucheli. Ds Gröschten a der Losche sygi öppe ds Bad, das sygi nämlech roustueügängig.

Barierefrei, het der Chlöisu gseit. Da mües men ufpasse, däm säg men itze so. Mi sägi ja genereu itz auem angers, het der Töbu nachegleit, u de het er grad mit Bischpiu wöuen uffahre, aber der Chlöisu het ne du am Ermu gno u gseit, es syg gschyder, si reichi itz das Bier, wo si wöuge z chüele tue. Hinech wärdi nämlech gfiiret, am ene heiterhäue Wärchtig, si Scheff fiiri e Runde, u uf das mües men am Fürabe scho nes Glesli zwöi näh, de göng de ds Wärchen im Tiim o wider ringer. Auso het me dene zwene nümm lenger wöuen im Wäg stah, schliesslech isch es eim säuber so langsam zwar weniger um ds Trinke, aber doch um ds Choche gsi, wo me doch nach wi vor nie nüt het Zmorge gno bis uf das Tee u speter emene Gaffee mit Miuchschuum. D Frou Chupferschmied het das de irgendeinisch o akzeptiert, o we si gmeint het, das syg de öppe gar nid gsung, mi het sech s de aber verchlemmt, ere z säge, si söu doch mau i Spiegu luege, es wärdi öppe scho ne Grund gä, wägerum sie driissg Kilo meh uf d Waag bringi weder angeri. D Houptsach isch aber gsi, sie, d Frou Chupferschmied, het eim nümme meh jede Fryti es Züpfli bbraacht, wo si nid emau säuber bbache het gha, sondern wo re d Schwigertochter bbrunge het. U d Frou Chupferschmied het s de när widerume eim bbrunge, wüu si am Fryti niemer gha het, wo mit ere hätt wöue ds Gaffee näh am Namittag. De isch si bi eim cho lütten i der Hoffnig, mi löi sen iche, für dass si de hurti chlei hätti chönnen abhöckle. Das Hurti het de bi ihren aber zmingscht zwo Stung dduuret, was me zwöi, drü Mau sogar über sech het la ergah, bis sech de ihrer Theme bezüglech Dorfgschnur u Operazione für eim schnäu einisch erschöpft hei gha, wüu men a settigem nid so hert isch intressiert gsi. Ussertdäm het d Frou Chupferschmied e schuderhaft wüeschti Nase gha, e Nase, notabene, wo si sech het la mache, wi si niemerem verschwige het, u mi het si Blick eifach nid dervo chönne löse, o we s eim no so iritiert het. Oder vilech grad wägdesse. Gschyder hätt si sech e Gloonnasen umbbunge, het me ddänkt, es wäri genau so uffäuig, aber weniger wüescht gsi. U ussertdäm vermuetlech viu, viu biuiger. Der Liebgott heigi auergattig Choschtgänger, het me ds Frölein Mettler grad ghöre säge. U ir Letschti het me viu a seie müesse dänke, wi me sech plötzlech säuber i so Sitwazione gseh het, wi me früecher seien erläbt het, denn wo me no im Autersheim u speter für seie het gschaffet gha u eim das aute Froueli het a sine Läbeswiisheite la teeuha. Itz isch me säuber so wyt gsi. Vilech nid ganz eso gschiid wi ds Frölein Mettler, aber o ging unger Lütt, wo eim nid der Huuffe gseit hei, o we si der ganz Tag gredt hei. Hie het me sech d Nachberschaft nid chönnen useläse, u mi het chönne froh sii, het me no säuber chönne gutschieren u den angeren us Wäg gah. Mi isch du när, so gschiid isch me de widerume gsi, uf jede Fau am Frytinami ging scho vo Huus gsi, bevor d Frou Chupferschmied isch cho lütte, u das Züpfli isch bi eim vor der Türe glandet, bis me de das mit em Zmorge schliesslech o no klärt het. Aber süsch hätti me gar nid wöue chlagen über d Hingermatt. Das het men em Chlöisu un em Töbu de scho no gseit. Mi heig sech di Auterssidlig nid numen usegläse wäge de Dienschtleischtige, wo me würdi chönnen i Aaspruch näh, bruuchti me öppen e chlei Ungerstützig oder sogar Pfleeg, sondern wüu men äbe der Tesla heigi chönne mitnäh. Mobilität syg wichtig, het der Chlöisu biipflichtet. Oder äben ender d Gseuschaft. Di gueti Gseuschaft, het me gseit. U di mües men äbe mängisch wyt ume ga sueche, we me nid z fescht mit so Chupferschmieds wöugi konfrontiert sii. Är sägi s ja, het der Chlöisu interweniert, Mobilität syg aues. Mit so mene Tesla chönn me de äbe ds Wyte sueche, wes müessi sii. Oder i Waud uche ga spaziere, het me nachegleit. Wo me sech du äntlech vonenang het chönne löse, het es scho haubi zwöufi gschlage. Es Randewuu het me definiert, nid ohni dene zwene versicheret z ha, das fingi de i der eigete Stube statt u nid öppen i so mene Gmeinschaftsruum mit Makramee vom Froueverein a der Wang. O we me da i deren Auterssidlig wohni, läbi me nach wi vor ganz nach em eigete Gusto u i Eigereschii, si mües nid öppen Angscht ha, es gäbi de da Miuchriis zum Znacht mit emene verchochete Gmües derzue u vorab e sauzlosi Buioo us der Heimchuchi. Wobii me ds Wort Heim ja nümme dörfi i ds Muu näh, Residänz töni äbe scho dütlech besser. Aber es syg ja nid säuten eso, dass sech d Ungerschiede numen i den Üsserlechkeite zeigi. Es Autersheim blybi es Autersheim, es chömi einzig druf aa, was me säuber drus machi. U solang me no chönni, machi me o. Di zwee hei das aber am Schiin aa scho gwüsst gha u o, dass si bi eim e rächt e differänzierti Chuchi hei dörfen erwarte. Der Kewin heig scho gschwärmt, hei si gmeint, vor auem ds grüene Göri hei si möge rüeme, u mi het versproche, mi luegi, was me chönni mache. Faus me no der Wiiu heig, i d Stadt z gah, wärdi me öppis eso i ds Oug fasse, der anger Wäg gäbs de öppis Währschafts, mi löi das mau la uf sech zuecho. Dass di zwee am Zägg hei Kewin gseit, isch eim itz ender nöi gsi, aber es het guet chönne sii, dass der anger itzen in es Auter cho isch, won er sech vo sim Übername het wöue löse, itze, won er nümme nume vo den angere profitiert het, sondern i ne Leitigsfunkzion ufgstigen isch, win er ging het betont. Nid dass ihm das bsungerbar wichtig syg, het er zwar voletscht la verlutte, aber so ab de driissge wöug me doch de nümme jedes Füfi zwöi Mau müessen umträäie, u mi het sech gfragt, weles Füfi, won er doch ging nume mit em Chärtli zaut het. U dises het beid Wäg ume funkzioniert. Mit driissgi syg d Jugend definitiif verbii, het er o no gseit gha, der Zägg, denn won er grad der Luun het gha, ärnschthaft i sini Zuekunft z luege. Mit driissgi, da göngis drum, so langsam es Fundamänt z ha. Was er gnau dermit gmeint het, isch da derbii nid ganz usecho. Es Hüsli het er ja scho gha, das het men ihm i Form vo re Schänkig denn vermacht, wo men i d Hingermatt züglet isch, schliesslech isch är der einzig Verwandt gsi, wo me het gha, wo im enen Auter für nes Eigeheim isch gsi, o we das Hüsli säuber scho meh weder zwöihundert Jährli uf em Buggeli het gha. Är het s du vor em Zügle no chlei zwäggmacht, u mit de nöie Fänschter, der Solaraalag u der Wärmepumpi het er schnäu einisch der Minergiistandart erreicht gha. Dass der Zägg itz plötzlech wär uf Familien uus gsi, wär eim aber nöi gsi. I dere Hiesicht sygi är o ender für ds sorgfäutige Husaute mit den Energiie, hätt er eim öppe gseit, we me ne gfragt hätt, u i Sache Familie syg s eso, dass är zersch einisch zrugg zu sine Wurzle mües, het me ne o einisch ghöre säge. Si Vatter, wo auem aa z Spanie deheime syg, wi ds Tami ihm vor paarne Jahr äntlech einisch verklickeret heigi, wöug är de scho no lehre kenne, bevor är säuber a Goofe dänki, ganz abgseh dervo, dass ihm da derzue e Chindsmueter fähli. U o wenn är säuber nämlech nüt aus ds Produkt vom ene heisse Ferieflört syg, so wöug er doch gliich wüsse, won er härchömm, het s töönt. Wo eim das uf em Heiwäg aues isch i Sinn cho, het s eim itz plötzlech afa tagen i Sache Barsselona.

Zytverluscht

Mi isch a der Waudegg zue gstaabet oder het emu ds Gfüeu gha, mi staabi, vo usse het es vilech meh wi nes Träppele mögen usgseh. D Wäut aber het sech unbbrämset ddrääit, u der Gägewind het eim um d Ohre pfiffe, un es isch eim i Sinn cho, wi me sinerzyt bim Seifechischterennen im Treningslouf isch Beschtzyt gfahre, wüu si doben am Start vergässe hei gha, eim ds Chüssi i Rügge z schoppe, für dass men uf d Bräms füre hätti möge mit sine z churze Scheiche. Vo denn aa syg s nume no bärgab mit eim, het me ds Gfüeu gha, aber we s drufab syg cho, heig me leider nie meh Beschtzyt gmacht. U gliich het me s wyterhin gärn la zie, i de beschte Momänte sogar freihändig. Es het eim nie schnäu gnue chönne gah, vor auem, wüu me gwüsst het, dass der Wäg vor eim no läng isch gsi. Drum isch me ging was gisch was hesch gsecklet, solang me das no het chönne. Das mit der Usduur u em Maraton isch no nid emau denn eim Siis gsi, wo me sech no so fit het gfüeut wi nen Adidas Rom, oder was denn grad so isch aagseit gsi i Sache Mode. Dere stungelange Secklerei i aagmässnigem Tämpo het me nie viu chönnen abgwinne. Bim Tschogge wärdi söfu viu Glückshormon usgschüttet, für dass me nid merki, wi fescht dass es eim im Grund gno aaschiissi, het me ging so chli ds Gfüeu gha. Es isch ging ender meh der Sprint u ds zügigere Tämpo gsi, wo eim greizt het weder di gueti Kondizion u ne längen Aate, u so isch es kes Wunger gsi, het me dennzmau aus Modi ender uf ene Kariere uf der Rennbahn gspaniiflet u weniger e Zuekunft mit längfrischtigen Ussichten i Richtig Teppichetaaschen i ds Oug gfasset. Nüt isch drus worde, us kem vo beidem, was eim aber nid het möge brämse, das hätt eim der Gring nie zueggä. U itze, wo me churz vor der Ziiugraadi grad Aalouf für di letschti Kurfe gno het, isch es eim so vorcho, aus heig dä Dräif nie naagla, vilech o drum, wüu me scho rein vo der Körpergrössi här wider ender em Bode zue isch u drum ohni Chüssi wider nümm uf d Bräms het möge. Nach wi vor sy d Täg im enen Affezang a eim verbii, u chuum het men am Mändimorge der Tag mit emene gstabige Sunnegruess aagfange gha, isch me glii druf scho widerume uf em Fotöi bim Tatort ghocket. So schnäu chönn s ga, het me jedes Mau ddänkt, we wider öpper so tod wi numen öppis am Boden usse glägen oder flussabwärts triben isch u si angerhaub Stung lang Zyt hei gha, usezfinge, wägerum. Dass es itze o mit eim säuber schneuer het chönne bachab gah, aus eim wär lieb gsi, isch eim trotz de superguet verinnerlechete u fescht verankerete Verdrängigsmechanisme vo Zyt zu Zyt de gliich ab u zue i Sinn cho, u wägdesse het me nid nume gluegt, dass es wyterhin zügig vorwärts ggangen isch, sondern o, dass ging öppis glüffen isch, u sygs o nume grad ds chaute Wasser us em Hanen oder der Tömbler. Warmi Luft heig sech schliesslech bewährt u syg, we o nid umbedingt ds Nonplusultra, so doch ging no besser weder e Floute, het me ddänkt u drum o no grad der Bachofen iigschaute, für ds Zmittag überztue. Mi het ja no paar Räschte gha. Aber nume bim Ässe het me ds Züüg vo geschter no einisch ufgwermt. Bi auem angere het me das, wo hinger eim glägen isch, eso la sii, wi s gsi isch, u s la abchaute, so lang, bis es eim nümm het mögen eschoffiere. Au di gnietige Gschichte vo bischpiuswiis emene Koni oder eme Pesche, emene Tinu oder eme Röfe, emene Fischli oder eme Simi, emene Wale oder eme Stifu, emene Kusi oder eme Güggu, emene Chlöbe oder eme Glood sy aui zäme Schnee vo geschter gsi, wo lengschtens gschmouzen u o bachab isch, u sider dass der Bützu vor zwöine Jahr het es Schlegli gha, het men o mit ihm nume no beschränkt chönne gutschiere. Mi het s no nie chönne mit so schwäre Ruckseck, u we angeri ging u ging wider mit ihrem

ganze Pagaasch vo früecher sy derhär cho u s bi eim hei wöu-
en ablade, het me gmacht, si söuge doch gschyder einisch leh-
re loslaa u fange mau chlei Balascht abwärfe. De göngi das mit
däm Läbe nämlech fei viu ringer, we me nümm so schwär z
trage heig. Aber mit emene Rouggöferli syg s de o nid gmacht,
het me no chönne nachelege. Mängisch het me das aues aber
o nume ddänkt, schliesslech hei teeune d Hüenerouge scho
gnue fescht wehta, aus dass me ne no hätti wöuen uf d Füess
trappe. Es het ja o nümm grad so mängs Paar Füess ggä, wo
eim uf sir letschte Rundi e Bitz wyt hätte chönne begleite. D
Gruslen u d Ännele sy scho lenger dobe bi der Erele, em Frö-
lein Mettler u der Büsen am runde Tisch ghocket u hei sech
vom Petrus oder süsch öpperem la nacheschänke, wärend si
bim Britsch bschisse hei. D Sönen u d Migge het men us den
Ouge verlore, u so sy vo der aute Truppe no grad d Bäben u d
Kää gsi, wo men öppen einisch e Schritt zwe zäme gmacht
het oder es Wörtli zwöi, we nid es paari meh, mitnang
gwächslet het. Grossi Gümp het me kener meh gmacht, wüu
beide nümm guet z Fuess sy gsi, u hätt me säuber nid der
Tesla gha, mi wär fasch gar nümme meh vo Huus. Ds Einzi-
ge, wo eim bbrämset het, isch ds Tämpolimit gsi. Aber nid
der Hundertzwänzger uf der Outobahn oder der Driissger im
Zäntrum. Es sy di eigete Gränze gsi, wo eim hei la langsam
wärde. Teeu hätte däm itz Zytverluscht gseit, wüu si uf der
Strass nid so schnäu hei chönne, wi si hätte dörfe, we si hätt
wöue. Eim säuber het s aber weniger ddünkt, mi verlüüri öp-
pis ungerwägs. Es isch meh drum ggange, dass aues lenger
dduuret het, u so gseh hätt men auso eigetlech e Gwinn gha
dervo, we me gwüsst hätti, wi viu Resärfen eim no wär zur
Verfüegig gstange. U nume das isch es gsi, wo eim de auben
einisch e chlei gstresset het, we me nid so zügig isch fürschi
cho, wi me das gärn hätt wöue. Mi chömi doch eifach hurti
verbii, het men em Tabi versproche, wüu si so Schaben ent-

deckt het im einte Chuchischäftli. Das het s no öppe ggä, dass si eim grüeft hei, we ds Internet nümme wytergwüsst het. Aber mi het da nüt dörfe säge. Schliesslech het me säuber o ging der Binggeli gfragt gha, we me Müüs het gha im Chäuer oder d Vorfänschter aaglüffe sy. Es het gwüssi Trickli ggä, di hei nume no di Aute kennt, u uf das Wüsse het me sech nid nume chönne verlaa, mi het o ging wider gärn druf zruggriffe. Bi Schabe gäb s numen eis, het me güsseret, mi chömm hurti übere. Das isch schneuer gseit aus gmacht gsi, wüu scho nume, bis men i de Schue isch gsi, si paar Minute vergange, sogar no denn, we me so Schlarpen aagleit het, wo me nume het müesse dryschlüüffe. Ds Probem isch gsi, dass me die zersch het müesse finge, un es wäri plagiert gsi, mi hätti das Hurti wörtlech gno, wüu wo me de äntlech bim Tabi isch gsi, isch me zimlech abputzt worde, es heige de nid öppen aui söfu Zyt wi me säuber. Vorab vo ihre het men ab u zue settigs müesse ghöre, wüu si ging chli spitz isch dranne gsi mit ihrem Zytbütschee u sowiso ir letschte Zyt e chlei e churzi Züntschnuer het gha, was o der Zägg het chönne bestätige. Si Mueter hangi da grad e chlei i de Seili, so chlei zwüsche re mittlere Depression u mene chliine Börnaut, het er gfunge. Sider däm sire Komfermazion het si ja wider hundert Prozänt gschaffet, u dä Tschopp aus Scheffsekretärin het se vom Morge bis am Aaben uf Trab ghaute. So Diräkzionsassischtäntin syg äbe meh weder nume grad en Aastelig. Das syg en Ufgab, wo me drin mües ufgah, süsch syg me dert fääu am Platz, het si ihre Duurstress begründet. U itze, wo si no uf beschtem Wäg syg, das Diplom zur Komunikazionsexpertin z mache, heig si gar e ke fürigi Minute meh. Früecher hätt me sech gwünscht, si wär chlei meh i ihrer Mueterrouen ufggange, we men aber gseh het, was es us em Zägg het ggä, de isch es vermuetlech genau richtig gsi, wi si das ghändlet het mit ihrem Gieu. Uf jede Fau aber isch ihri Zyt knapp bemässe gsi, un es isch eim ging niene rächt gsi, we me sen einisch meh het la warte. Drum het me gseit, si söu eim doch de ds nächschte Mau der Schlüssu härelege, de syge zwo Pärsonen uf der Wäut scho ne guete Bitz weniger unger Druck. Wüu das mit de Schlarpe ja nume ds einte isch gsi, ds angere der Tesla. O dä het fange siner Mödeli gha u nes Zytli bbruucht, bis er isch i d Gäng cho. Dä isch schliesslech o scho im ene gwüssen Auter gsi, das syg aber gar kes Problem, hei di meischte gmeint, aber di hei ja ke Ahnig gha vo Sache, wo nid eifach so uf Chnopfdruck funkzioniert hei. Bim Tesla het s scho chlei Fingerspitzegfüeu bbruucht, u we s z heiss isch gsi oder öppe no gschiffet het, de isch nid viu z mache gsi, de het me fei müesse chüderle, für dass da öppis glüffen isch. U de isch es äbe de no einisch lenger ggange, bis me cho isch, was angeri wi nes Tabi zur Ussaag bewoge het, mi söui doch dä Tesla es ugrads Mau lieber deheime laa, das syg doch gnietig mit däm Cheib u umständlech, vilech wäri s a der Zyt, sech z überlege, gob me sech nid langsam vo ihm wöugi trenne. Settig hei aber ke Ahnig gha. Wär wär me no gsi ohni der Tesla. Dä het zu eim ghört wi der Spazierstock zum Scharli Schapplää oder ds Chrütz zum Jesus. Dise het sech schliesslech o nie über das beklagt, wüu er wäri z spät cho derwäge, o wenn er dütlech schwerer treit het a däm weder me säuber am Tesla. Dä het me nid müesse trage, dä isch ging no säuber glüffe. U solang er no säuber isch fürschi cho, het men ihm ds einten oder angere Mödeli nid chrumm gno, im Grund gno het me ja Zyt gha. Der eigete Ziiulinie, wo zwar no usser Sichtwyti isch gsi, isch men ab auem Zaaggen aber de gliich ging neecher cho, sogar denn, we me sech nid aktiv uf se zue bewegt het. Mi het gwüsst, dass irgenwo eine mit ere schwarz-wiiss ghüslete Fahne steit u uf eim wartet, u der Dokter Lädermaa het zu däm auem nume gmeint, es sygi gschyder, mi luegi dere Tatsach i ds Oug, we me nämlech uf öppis vorbereitet syg, de träff s eim weniger hert a Gring, u da het er vermuetlech rächt gha. U so het me sech lieber nach der chaute Chnochehang vom Tod grichtet, weder sech a ne Griff vom ene Rolator z chlammeren uf sine letschte paar Kilometer. Mi hätti ja süsch niemer gha, wo me mit ihm Hang i Hang hätti chönnen em Sunnenungergang entgäge ryte. Di Zyte sy definitiif verby gsi, aber es isch nume no säute vorcho, dass me dene nachetruuret hätt. Lang gnue het me dermit ghaaderet, dass der Schnäbi eim scho wider e Schritt voruus isch gsi u ggangen isch, no bevor me mit ihm richtig wäri fertig gsi. U we s de früecher aube het gheisse gha, da göng e chliini Wäut unger, we me nume no ds lutter Wasser het möge gränne, so isch di Zyt vo däm Abschied für eim der Wäutungergang par egselangs gsi, u o we me süsch genereu nid zu dene ghört het, wo irgendöppis beröit hei, so hets eim gliich uhuere schad ddünkt, het me d Zyt, wo me zäme gha hätti, nid besser gnützt. Wi mängi Stung het me mit Sürmlen u Gstürm vertublet, anstatt sech e schöne Tag z mache vorussen a der Sunne oder mira dinnen im Näscht. Es hätt sogar vor em Tiiwi chönne si oder am Chuchitisch bim ene ender längwylige Brättspiu, won er jedesmau gwunne het, wüu er der Hang het gha, z bschiisse, das aber nie zueggä hätt. Das wär de nume wider e Grund meh gsi, we me ne druf aagsproche hätt, für dass er eim hätt chönnen e Gring machen u men ihm wär dervo glüffe. Aber äbe, mi het ja viu z weni gspiut. U sogar viu z weni gstürmt, wüu men ihm lieber isch dervo glüffe weder si Gring la Gring sii u ne la töipele, bis er eim de nach emene Zytli wider hätti nachegschänkt. I sire Gägewart sy d Gleser nie läär worde. Das isch ds Schöne gsi am Ganze. U itzen isch das Glas vor eim läär bbliben u är isch ggange gsi. Dass er einisch meh isch ender gsi u der Löffu vor eim abggä het, u das ganz ohni z bschiisse, het me müesse lehren akzeptiere. U win er ds Manna u d Ambrosia, so wi früecher d Serwala, lieber vo Fuscht u im Stah het ggässe weder manierlech am Tisch mit Mässer u Gable, het me sech gärn vorgsteut. O di zwöiesibezg Jumpfere, won er itze gfahrlos mit ne het chönne flörte, wüu keni vo dene vermuetlech isch druf uus gsi, ihre Status z verlüüre, het men ihm möge gönne. Aber dass er eim hie het la hocke, ohni sech gross drum z tue, wi s eim mit däm de när so chönnti gah, hätt men ihm scho fürgha, hätti s öppis gnützt. Mi het du das aber la sii, wüu me sech scho lenger het druf bsunne gha, sech uf das z fokussiere, wo sech het la ändere. O ohni studiert z ha, het men im hööchen Auter e Master gha. Nämlech einen im Loslaa. Oder zmingscht e Bäschteler. Wüu so ganz ring isch es eim de gliich no nid ggange bi teeune Sache. Dass me s ohni Tesla müessti chönne mache, het me sech bischpiuswiis überhoupt nid chönne vorsteue. Hangkehrum isch es eim relatiif liecht gfaue, sech vom Hüsli, wo eim doch e längi Zyt d Wäut bedütet het, z lööse. Aber vilech o nume drum, wüu me s bim Zägg i guete Häng het gwüsst. Dass dä mit däm öppe no hätti afa spekuliere, het me chönnen usschliesse, u mi het sech gwünscht, är wärdi säuber de o einisch e Gieu oder es Modi oder zwöi, drü ha, wo sech im Gartehüsli wärdi iinischte, für ihri Rue vor den Aute z ha, o wes nume grad es paar Meter vo der Hustür ewägg wär gsi. Was me bbruucht het, het me mitgno i d Hingermatt, u das isch fei nümm viu gsi. Aues angeren isch nume no Balascht gsi, wo men o em Zägg nid het wöue zuemuete. So het men usgschoubet u d Sache sortiert, di gueten i d Brockestube, di schlächten i Chübu. We me sech auben aus Modi het müesse dermit befasse, sech vo sinen Auten u gwüssne Regle z lösen u eigeständig z wärde, isch men aus jungi Frou mit der Frag konfrontiert worde, mit wäm dass me het wöue sis Läbe teilen u zämen e Bitz vom Wäg gah. U i de Wächsujahr het de aues no einisch müessen überschlage sii, u mi het gmerkt, wo me di Rächnig gmacht het, dass es eim am wööuschten isch gsi, we men uf den eigete Scheiche gstangen isch u eim niemer drygschnuret het. Mi het zue sech säuber gfungen u sech mit sech iigrichtet u ds Läbe, so wi s gsi isch, lehren akzeptiere. Dass me s bis zur Zfrideheit het bbrunge, het eim stouz gmacht, u im Grund gno hätti das itz ewig eso chönne wytergah. Aber itze, uf dere letschten Etappe vo däm Daasii, isch es vermuetlech no einisch um öppis angers ggange, nämlech, sech nid nume wider vo auem Materieue z löse, sondern sogar vo sich säuber. Was het me sech no wöue wichtig näh. Mi het dörfe zfride sii, dass me si Roue no gar nid emau so schlächt het gspiut gha. Aber mi het o müessen iigseh, dass es o ganz guet ohni eim wärdi loufe. Vo hütt uf morn hätti me chönne gah, un es wär nid viu meh vo eim zruggbblibe weder es paar gueti Erinnerige. U der Tesla natürlech. Vor auem wägen ihm het me das mit em Gah drum no chlei wöuen usestüdele, u schliesslech het men o no Gescht erwartet, wo me für se het wöue choche. Übermorn het me ja dä Laborant u der Anger erwartet. Zäme mit em Zägg. Di hei sech au drei hennen uf dä Stock mit Ragu gfröit. Säuber het me däm Miiting chlei mit gmischte Gfüeu entgägegluegt. Meh, wüu me dene zwe nöie Koleege vom Zägg nid so rächt het über e Wäg trout, weder dass me hätt Bedänke gha wäg em Choche. Grüens Göri überchömi si a jedem Egge. Aber so öppis richtig Währschafts, das syg äben alte Schule vom Feinsten, hei si gseit, u mi het nid gnau gwüsst, gob me das itzen aus Komplimänt dörf uffassen oder s aus Schliimerei mües abtue.

Spurtröii

D Tatsach, dass aues ringer gseit isch gsi weder gmacht, het sech im Louf vom Läbe ging meh verhertet, nid numen im Zämehang mit em Begriff hurti. Bim Loslaa het sech das o ganz dütlech zeigt. Ds Welo zum Bischpiu het eim fasch am meischte groue denn vor genau sächsehaub Jahr. Mi het sech schwär ta dermit. Nid mit der Tatsach, dass es mit sinen eine-zwänzg Gäng u de Schybebrämse ging no tipptopp z bruuche wär gsi. Es het ender hert gha, iizgseh, dass me säuber für ds Welofahre nümm isch z bruuche gsi. Bim Outofahre het es schliesslech o ganz e klar gregleti Promillegränze ggä, bim Welo isch das Ganze chlei diffuser gsi, aber Auter u Strasse-verchehr hei sech genereu nid würklech guet vertreit. Müe mit em Gliichgwicht u Sehschwechi het s da nid möge lyde. Der Zägg u ds Tabi hei s zwar guet gmeint u gseit, es syg we-niger me säuber, wo gfährlech fahri, weder ender meh der Verchehr, wo blödsinnig zuegno heig i de letschte paar Jahr. Abgseh dervo, dass eim de o no d Iibäiker um d Ohre gfahre sy wi d Affen u hei ds Gfüeu gha, si heige ds Welofahren er-fungen u d Strass ghöri itzen ihne, wüu sie schliesslech di nöie Ritter im Name vo der Ökologii syge. Mi het sech säuber du haut o vo sire heudehaft tapfere Syte zeigt u sech iivernähm-lech vo sim Göppu trennt u da dermit vom ene ganze Läbes-abschnitt. Dä Entscheid het ds Zuegeständnis a ds Auter änd-güutig iiglüttet, u zwar genau a das Auter, wo me gmeint het, i das chömm me säuber nie. I ds Auter vo de dritte Zäng u der Gsüchti, i ds Auter vom Zucker u der Inkontinänz. I ds Auter vom Züügvergässen u vom Hertghööre. I ds Auter vom nümme chönne Welo fahre, wüu me näb der Spur isch gsi, ohni s wöue wahrzha. Mi het itze d Manne verstange, wo sech hei afa hingersinne, wüu si nümm hei chönne, o we si no lang hätte wöue. Das isch eim genau so ggange. Es isch e Dräck dergäge gsi, mit sächzgi ds Rockerjäggli ar Heilsarmee z vermachen oder mit füfesibezgi ds Schiifahre la z sii, wüu men o i däm Beriich sim Läbe nümm isch sicher gsi, no nid emau i Heum u mit Rüggepanzer. Ds Läbe syg es Risiko, het d Bäbe zwar ging gmacht gha, aber dass me sech fange gäg aus u jedes het müesse versichere u sech vo aune Syte mit weis nid was hätt söue schütze, isch, wenn überhoupt, numen im Chliiddruckte gstange. Im Chliiddruckte, wo me früecher nid gläse het, wüu s eim nid intressiert het. Hütt het me s nümm chönnen entzifferen ohni Brüue. U wüu aues ging isch komplizierter worde, het me de lieber ds einten oder ds angere, wo eim d Chrankekasse vermuetlech gar nümm erloubt oder emu de der Schänkuhaus nümme zaut hätt, wüu me d Aagebees nid hätti beachtet gha u dert gstange wär, ab der Pangsionierig sygi Sportumfäu nümm im Serwiss imbegriffe, haut eifach grad ganz la sii, ganz abgseh dervo, dass me so chlei ökologisch ddänkt het u das mit däm Kunschtschnee nid eso het möge guttiere, wo eim ja sogar vom Bundesrat isch empfole worde, der Bachofe nid vorzyheize. U d Pfleeg im Spitau wär ja de zuesätzlech o nid gwährleischtet gsi bi däm Pärsonaumangu, no nid emau denn, we me prifaat wär versicheret gsi. Mi het zwar vo Ching uuf glehrt gha, sofort wider ufzstah, we s eim glitzt het, u speter bim Rössele isch men o ging grad wider zrugg i Sattu, we men achegheit isch, vo däm här isch für eim ds Stürzen überhoupt e ke Sach gsi. Das het denn meh oder weniger derzue ghört zum Autag. Nume het men itze mit Schlimmerem weder nume grad mit es paar kwetschte Rippi müesse rächne, u solang das mit däm Chliiddruckten i der Polisse nid isch klärt gsi, het me s lieber nid wöue la drufab cho, wo me doch numen isch augemein versicheret gsi. Bim Joga het da nid viu meh chönne passieren, aus dass me sech verstreckt hätt, drum het me sech eifach uf siner Faszie u d Glänk bsunne u nid öppe no einen uf Breitesport gmacht, für nid i d Breiti z gah u gstabig z wärde. Di inneri Balangs het me ja uf däm Wäg scho sider Jahre gfunge gha, itzen isch es bim Praktiziere vo dene Hüng u Störch so ender meh um ds üssere Gliichgwicht ggange, wo het wöue treniert sii, u über d Frag, gob men itz für das aues no müessi Röicherstäbli u Cherzli aazünte, hätt me chönne stritte, we men öpper zur Verfüegig hätti gha, wo sech ere settige Diskusion gsteut hätti. We s ihm z wäutfrömd isch worde, het der Zägg aube nume gmacht, är syg zwar aacho im Hie u Itz, är mües aber scho glii wider wyter, u abgseh dervo syg är zu sim Stärnzeichen usträtte. I Sache Glänk het d Frou Chupferschmied derfür e ganz e klari Meinig gha u uf ene sauzlosi Ernährig plädiert, was sie aber ihrersyts de widerume mit Zucker kompensiert het, was eim itz nid umbedingt ds Gäube vom Ei het ddünkt, o grad im Hieblick uf ds Choleschteriin. Drum het me sech a settigne Ratschleg ender säuten orientiert u isch der eiget Wäg ggange. Mi isch au Tag uchen i Waud ga loufe, sogar we s gschiffet het. Wäge däm het me schliesslech genau die Residänz uegläse, wüu me vor Hingermatt uus mit em Tesla nid wyt het gha, für schnäu einisch duss i der Natur z sii. Wüu die het eim gfääut, so ohni Garte. Klar het e chliini Terasse mit paarne Pflanzechüble u de Töpfli mit de Chrüttli weniger z tüe ggä. Aber ds Chrauen i de Bettli, ds Bschütten u ds Jätte hei eim scho enorm gfääut. Der erscht Summer het me sech drum schampar müesse drum tue, di vili Zyt, wo me da i dere chliine Wonig het fürig gha, z überbrügge. D Kää het zwar gmeint gha, da gäb s itz nüt angers, weder es nöis Hobi z finge, u d Bäbe het gmacht, für das gäbi s äbe der Autersnamittag u ds Seniorechränzli. Mi isch sech zwar bewusst gsi, dass me ds Auter für settigs hätt erreicht gha, aber der Gruuf het eim i settige Kreise de gliich nid eso wöue pässle. U für i der Migroklupschueu z lehre, wi me puremaut, het eim o d

24

Luscht gfääut, solang di Pure, wo me da hätt söue male, nid sy blutt gsi. So het me sech du efange einisch uf ds Nääie vo de Vorhäng bsunne, o we s Lüt um eim ume ggä het, wo gfunge hei, das syg itz der Gipfu vom Bünzlitum. Numen isch o das mit dere Nääierei schneuer gseit aus gmacht gsi. D Ouge wäre no ds einte gsi, ds angeren aber d Häng, wo so chlei sy i ds Zittere cho, vor auem ging denn, we me het wöue bsungerbar exakt schaffe. Das Niflizüüg isch eim uf e Sänku u nümme ganz eso ring ggange wi o scho, u mi het sech müesse zämenäh, het me dä ganz Bättu nid vor lutter Närföösi ab auem wöue ruig blyben eifach häregheit u linggs la ligen u ddänkt, es söui nääie, wär wöug, säuber syg me nid für settigs prädeschtiniert. Aber we men öppis bhaute het im Auter, de isch es der stuur Gring gsi, di Eigeschaft het sech mit de Jahre müglecherwiis sogar no chlei verfeschtiget, u so het me de das du düregstieret, u ds Ergäbnis isch no nid emau so leid gsi. Vo Bünzlitum het da ke Red chönne sii, hei doch di Vorhäng e totau moderne Tatsch gha u sy weder ghüselet no bblüemlet gsi, sondern greemwiiss mit emene dezänte Plissee. Der Zägg het emu du nume gmacht, settig nuhm er öppen o no, wenn es de müessti sii. U wenn eine het Gschmack gha i Sachen Inneniirichtig, de isch es är gsi. Es isch eim zwar nid ganz klar gsi, wohär dass er das Stiiubewusstsii gha het, wüu weder d Schwoscht no ds Tabi hei uf Uuässämm oder Gorbüsiee grösere Wärt gleit. Denen isch ds Praktische ging viu wichtiger gsi weder ds Disäin. Der Zägg aber het der Stäil im Bluet gha, dä het ja scho aus Gieu kener Schorts wöuen aalege, wüu das eifach blöd usgsei a Manne, win er het la verlutte. Sandale het er nie es Paar treit. Es hätt eim scho wunger gno, wohär är dä Hang zur Ästeetik het gha, drum het s eim nid dörfe verwungere, het o är sire Härkunft wöuen uf e Grund gah. Müglecherwiis heig ja Spanien u sis ästeetischen Empfingen e Zämehang, het me ddänkt. Nume, het me wyter überleit, hätt er siner Röschersche ja o uf digitalem Wäg chönnen aagattige. Wär het scho uf Barsselona müesse, wo s doch het Internet ggä. Mit däm isch eine, wo isch drus cho, schneuer z Wagadugu gsi weder me säuber i der Landi unger, no denn, we me wäri i de Finke ggange. Ds Sörfen im Netz het erschtens viu weniger Zyt bbruucht u zwöitens nid viu meh gchoschtet weder di paar Rappe Strom, u drum het s eim nid ganz iiglüüchtet, wägerum der Zägg sech itz da plötzlech mit em Dings un em Chlöisu zäme hätti söuen analog uf d Socke wöue mache, für sim Peer uf d Spur z cho, wi me das vermuetet het. Eim isch di ganzi Sach chlei lusch vorcho. O we ds Bänzin ging tüürer wärdi, der Priis zali de glich am Ändi d Umwäut, hätt me bischpiuswiis chönnen i ds Fäud füeren u mi heig ja zum Glück scho glii d Glägeheit, ne uf das aazspräche, het me ddänkt, we de di Reis zwüschem Salat un em Houptgang wider zur Sprach wäri cho. Vilech heige di Plään aber gar nüt mit em Zägg z tüe u syge meh nume grad so ne Furzidee vo de beiden angere. Di heige da vilech o öppis am Start, wo z Spanien unger mües erlediget wärde, u wäri froh um so chlei Tarnig. Es isch eim nämlech gsi, der Töbu heig scho öppe so chlei chrummi Dinger ddrääit, nid nume settegi zum Rouke. U we s eim rächt isch gsi, syg er wägdesse sogar scho einisch es paar Wuche versorget gsi. Nid hinger Plissee, sondern hinger schwedische Vorhäng u nid settige vo der Ikea. Aber mi het dene beidnen itz nid im Voruus scho wöuen Urächt tue. Vilech wöuge di zwee o numen eifach chlei furt u heige nid gnue Füdle, das eleini dürezzie. Si syge vilech beid eso chlei Schnuricheiben u füeri vermuetlech lieber e bsungerbar grossi Röhren im Vorfäud, we s de aber konkreter wärdi u um ds Usfüere göngi, syg si de vilech wider e chlei stiuer, het men überleit. Di zwee syge ja no jung u ds Läbe schliesslech derfür da, dass me vo ihm lehri. Vo däm här gseh heige di Giele no ne grosse Bitz vor Läbesschueu vor sech, u solang me derbii nume chönni zueluege u sech amüsiere, wi sech settig ender schwär tüeg scho nume bim chliinen Aabezee, chönn eim das e Chiuche sii. Wo der eint vo beidne da vor em Goop usse nämlech gseit het gha, ihm gfaui di Hieroglüüfe no ganz guet, u me gschmunzlet het u ddänkt, mi säg itz nid, dass das Hibiskus syg, het men itzen o gfunge, settig wi di zwee chönni wärtvoui Erfahrige schliesslech o uf em Wäg nach Barsselona mache, es mües aber nid umbedingt mit em Zägg u eim sii. U ganz sicher o nid mit em Welo. Es settigs hätt me säuber ja gar nümme z biete gha. Was het men aber es Tschilo bbruucht, solang me der Tesla het gha. U süsch söui me sech de doch es Geaa löse, het ds Tabi voletscht empfole. Das chönni me o monetswiis zale. Mi het chönne hoffe, si heig bi deren Ussag vor auem der finanzieu Aschpäkt vor Ouge gha.

Trääimomänt

Nid, dass me sech us Chären öppis würdi mache, het me ging bhouptet. Sider dass men us em Auter vo de Seifechischten uus syg u vor gfüeute hundert Jahr uf emene Döschwo heig lehre fahren u mit däm när paar Jäährli oberkuul dür d Wäutgschicht trötschgelet syg, heig es Outo für eim nume grad zwe Zwäcke z erfüue gha. Es heig problemlos z loufe, wüu me bi re Panne nämlech komplett am Arsch wär, u zwöitens syg e gäbig grüümige Stouruum ds Nonplusultra, wüu we men e Chare bbruuchi, de syg es meischtens, für irgendöppis umezfuge. Säuber heig me ja nie ke eigete Chlapf wöue, het me propagiert, zersch wäg de Chöle, wo me nid gha heig, när ender meh so wäge den Ökofriiks zringsetum, wo me nid heig wöue prowoziere. Ar Kää bischpiuswiis het me nid bruuche z cho mit emenen Outo, es syg de gsi, dass es ihre wär gläge cho, wüu si grad mit ihrne paar Chischte vo der einte Weegee i di nächschti hätti müesse disloziere, wüu si sech entweder verkrachet oder verliebt oder beides zäme het gha. De isch si froh gsi, het si uf vier Redli chönne zeue. U uf ene Schofföse. Si het nämlech gar nid chönne fahre, derfür um so besser biifahre mit ihrer grosse Röhre. Säuber isch me ja meischtens o guet gfahre so ohni eigete Göppu, u wo me de gliich e Zyt lang eine nötig het gha, het me gfunge, en Oggasiongbütti tüegi s no lengschtens. Es het eifach müessen e Tschingg sii. So ne Opu Korsa wär eim de nie unger ds Füdle cho. Eso gseh isch me scho chlei wählerisch gsi, vor auem, we s um d Kwalität isch ggange. Mi het sech o lieber es Gsteu vom Schriiner la mache, wo s ds Läbe lang ta het, weder aupott wider öppis Nöis im Bou u Hobi müesse ga z reiche, wüu s e lodelegi Sach isch gsi mit au däm Biuiggfotz, wo me de ersch no het müesse säuber zämeschrube. Mi het zwar nid viu uf Marggen u Näme ggä, aber es het äbe gliich settig ggä, wo für öppis gstange si. Für Kwalität u nes Läbesgfüeu. So wi öppe Zyliss. Oder äbe Tesla. Inowatiif wi nes Chaub, suber wi ne Moore, we s nid grad gschiffet het gha, u von ere höche Statussümbolik. Wär het chönne vo sim Tesla rede, isch bi de Lüt gsi. Het me chönne säge, mi göng mit em Tesla, het das nüt Wyters bbruucht u kener Erklärige nach sech zoge, mit däm isch aues gseit gsi. Drum het me sech für dä Namen entschide. Eifach, wüu men o mau het wöue chönne säge, mi heig e Tesla. De hei d Lüt grossi Ouge gmacht u vermuetlech ddänkt, was äch so nes Müeti e settige Luxus bruuchi. Di hei äbe ke Ahnig gha, wi me de au Tag mit däm Tesla gäge Waud uchen isch u dert si Rue het chönne ha. Im Dorf unger het me ne no a d Leine gno u bi de letschte Hüser obe de la springe, u när isch er dervo, der eigete Nase nache, u dass er eim öppen ab wär, het me nid müesse förchte. Mi isch efange so guet uf nang iigspiut gsi, dass jedes sis eigete Tämpo het aagschlage, u wenn är scho drümau zum Bänkli u wider zrugg gfreeset isch gsi, bis me säuber de dert oben aacho isch, het weder eim no ihm das öppis usgmacht. Mi isch nie unger Konkuränzdruck cho, sondern het der Spaziergang chönne gniessen u o der Waud, wo jede Tag der gliich u gliich jede Tag isch angers gsi. Wär hätti da e Chare bbruucht, für voruse z cho. Solang me no so guet z Fuess isch gsi, u das ganz ohni Stäcke, wo eim der Dokter Lädermaa zwar het a ds Härz gleit, men aber bis itzen erfougriich verweigeret het gha, gobschon men ihm zlieb de gliich einisch es Päärli gchouft het, wo aber itze ging nume sy näb der Tüüre gstange, het me kener Redli nötig gha, für dass es vorwärts ggange wär. Mi het ke outofreie Sundig bbruucht, für ds Gfüeu z ha, mi tüegi öppis für d Umwäut, u das, wo der Tesla so het zämegfurzet, het me dermit kompensiert, dass me Schwytzer Gaffee gchouft het, wobii me genau het gwüsst, dass das nüt aus e Feik isch gsi mit däm Schwytzer Züüg, wo vo weis der Gugger wohär isch cho, für dass me s de im Aargou oder süsch irgendwo i re Schwytzer Fabrigg verpackt het. Aber item. Mi het sech ab au däm gliich so chlei besser gfüeut, aus we me i de dütsche Grossverteiler kömerlet hätt, u we me si Fuessabdruck uf däm vertrochnete Bode vo däm Dorf, wo s i Sache Charakter mit jeder angere Betongwüeschti het chönnen ufnäh, mit angerne vergliche het, de isch dä chuum z gseh gsi, u mi het gwüsst, dass nach eim sim Abläbe kener grosse Spure würdi zrugg blybe. O i jeder angere Hiesicht het me kes längs Teschtamänt müesse verfasse, vo eim isch nid viu bblibe, wo me nid scho greglet hätti, u bis uf e letscht Wiue, mi würdi si letschti Rue gärn unger em Zwätschgeböimli finge, het s eigetlech nid viu meh ufzschrybe ggä. Schliesslech het me nid für di angere gläbt u für dene Grosses z hingerla. Mi het für sich gluegt, u das scho ging, u het d Gägewart aus Gägewärt für d Zyt gno, wo eim isch ggä gsi, u isch einisch meh mit em Tesla, wo voruus isch, em Waud zue glüffe. Nach em Rägeli vo geschter hätti s guet chönne sii, dass es am einten oder angere Plätzli hütt chlei Eierschwümmli hätti gha, was eim no fein hätti ddünkt für über e Nüssler, wo me vor em Ragu het wöue särwiere. Nid dass me sine Gescht öppis hätti müesse bewiise, aber so grad e chlei e Faue het me scho wöue mache, u we di Junge de när no chlei im Dorf ume wäre ga verzeue, wi guet me für seie gchochet heig u wi piggobello bi eim deheimen aues si Ornig heig, de wär de vilech der Dokter Lädermaa o wider e chlei zrugghautender worde mit sir Spitex. Dass eim öpper ab u zue d Chuchischäftli useputzt u d Fänschter gmacht het, isch eim no so rächt gsi. Uf ds Leiterli uche söui me um ds Himuswiuen emu nümm, het ds Tabi gwäffelet, mi wüssi ja, dass di meischten Umfäu im Husaut passieri. U di meischte Morden unger Ehelüt, het me no grad nachetopplet. Aber siner Erfahrige mit Leitere het me bereits säuber gmacht gha, bischpiuswiis denn, wo me ds Bockleiterli usgangs Feranda oben a der Stäge het häregsteut gha, für e nöi Flöigevorhang z montiere, denn i däm einte Summer no im Hüsli. Uf der oberschte Sprossen isch me gstangen u het d Vorhangstangen i beidne Häng gha u die wöuen uche i ds Türgreis spanne, der Vorgang vor em Gring het eim d Sicht verdeckt, u ungereinisch het me gspürt, wi das Leiterli so langsam isch i ds Kippe cho. U zwar vorwärts, i Richtig Stäge. Das syg s de gsi, het men erstuunlech unufgregt ddänkt u sech druf vorbereitet, dass eim sis Läben itzen aus Fium a eim würdi verbyzie. Fasch, dass me druf gspannt wär gsi. Aber das Ugliichgwicht het eim de doch z fescht Angscht gmacht, u wo eim ungereinisch öppis bbrämset het u das Leiterli wi vo Geischterhang us der Schreeglaag wider isch ufgrichtet worde, het me ds Gfüeu gha, da syg öppis nid ganz mit rächte Dinge zueggange u müglecherwiis heig der aut Ramseier, der Tüp, wo no vor em Frölein Mettler hie ghuset het gha u no öppen einisch i sim ehemalige Loschii umeggeischteret isch, d Hang im Spiu gha, wüu er ddänkt heig, es sygi vilech no grad e chlei früe für nen Abgang. Mi isch ihm emu dankbar gsi. Es hätt eim säuber o grad chlei groue, scho müessen abzträtte. Verzeut het me das nie öpperem, aber uf jede Fau het me du uf ds Tabi glost, nid wäg em guet gmeinte Ratschlag, ender wüu me z bekwem isch worde für settig Akzione. Mi het mit de Jahr glehrt, z delegiere. U zwar das, wo eim säuber isch zwider gsi. D Druschinska het das no so gärn gmacht, nid zletscht drum, wüu si bi eim guet verdienet het, u we si de dür d Wonig gsirachnet isch mit ihrem Dampfreiniger, de het me se mit guetem Gwüsse chönne la mache. O di Uhr mit em Notfauchnopf het me nid numen am Zägg zlieb treit. So ne Schänkuhaus het sech ja säuten im Voruus aakündet, auso isch me guet berate gsi, im Fall der Fälle gwappnet z sii. So zwe Täg irgendwo z ligen u nümme chönnen ufstah het eim scho schlimm gnue ddünkt, aber ender weniger wägen eim säuber, sondern meh, wüu der Tesla ja hätt use müesse u ds Frässe hätti bbruucht. Solang me no Verantwortig tragi, wöug me s nid eifach so la tschädere, het me gfunge, o we d Bäbe gmeint het, eso nes Armbang chönni me nid emau mit Swarofskisteine tarne, da gsei di ganzi Wäut, dass me säuber nümm so z Schlag chömm, das syg ja piinlech, het me di Uhr trotzdäm aagleit, wüu me no nie viu uf Üsserlechkeite ggä het. Da hätti eim de di Schue mit denen Iilage, wo d Bäbe het müesse trage, wüu si ihrer Läbtig i Stögis het müessen umeloufe, wo si em Ruedi zlieb no znacht im Bett treit het, fasch e chlei meh schiniert. Vor auem, wüu si ihrer Iggsbei irgendwie no meh betont hei. Aber vilech isch es o ihres Gwicht gsi, wo se het la derhär cho wi ne Chue, wo wott chauberen u ds erscht Mau i ihrem Läbe zum Stau uus chunnt, aber o sie het vom ene Rolator nüt wöue wüsse, no nid emau, wenn er wär vo Porsche disäint gsi. So wyt chömm s no, het si gseit u isch lieber nümm wyt cho. Mi mües nid ungerwägs sii wi nes jungs Reh, het si gmacht, u für auben einisch über ds Fäud ii längs ja no grad. D Erfahrig het eim glehrt, dass me sech mit der Bäbe nid het müessen aalegen i Sache Wäutaaschouige. Solang sie het rächt gha, isch me mit ihre guet gfahre, u mi het s zäme chönne luschtig ha. Viu meh het me nid erwartet vo dere Fründschaft, wo me weniger pflegt het, aus dass si eim sider junge Jahre verfougt het wi ne läschtige Scheidepiuz. Mit der Kää isch es ähnlech gsi, wobii die sech nie mit de Bekwemlechkeite, wo d Gseuschaft eim zur Verfüegig gsteut het, zfride ggä het. Si het aues u jedes reflektiert, am liebschte das, wo angeri gmacht hei. Drum isch me mit ihren öppe no im Klintsch gsi, aber o das het nid derzue gfüert, dass me sech hätti us den Ouge verlore, ganz im Gägeteeu. Sider dass o sie wider im Dorf het gwohnt, isch me sen ab u zue ga reiche mit em Tesla u het se mitgno uf ene Gwaggu, auerdings numen äbeswägs u uf Asfaut, wüu s mit em Roustueu süsch chli gnietig wär worde. Ds Füdle tüeg ere eso scho weh gnue, het d Kää de gseit, da mües es nid o no houpere. D Mönschheit chönn ja mänge Fortschritt verbueche, näb auem Schissdräck, wo syg gmacht worde. Aber dass es no niemerem glunge syg, e Roustueu mit eren aaständige Fäderig z entwickle, syg e Schang für üsi Gattig. Aber itze. We das der einzig Wunsch syg, wo sie no offe heig, de syg dä verschwindend chlii gäge das, wo angeri no im Sinn heige, bevor si i ds Gras biissi. D Kää isch mängisch eifach nid z brämse gsi, füraa, we s isch zdürab ggange. Der Mönsch syg nüt angers weder d Summe vo sinen erfüute Wünsch, het si de zum Bischpiu wyter palaferet. U je höcher öpper pookeri u use wöug, deschto prekärer syg s de bi der Schlussabrächnig u umso bescheidener faui de konsekwänterwiis d Bilanz uus, we s nid grad eso gloffe syg wi planet u sech di grosse Tröim nid erfüut heig. Vo däm här syg sie aus ender bescheideni Pärson no guet bedient i Sache pärsönlecher Buechhautig u Zfridenheit. O däm hätt men itze chönne widerspräche, aber o bi re Kää het me scho vor Jahre vo settigem abgseh, für sech di Zyt, wo me zäme verbracht het, nid unnötig problematisch z gstaute. Mängisch het me de eifach nüt aus si eigeti Meinig dernäbe gsteut, u mit de Jahre het me das eso im Ruum chönne la stah, bis d Bäben isch cho, wo aues het a Ranze gheit, wüu sie ja schliesslech die isch gsi, wo rächt het gha. Aber o das het men eso chönnen akzeptiere, u keni het di angeri la hocke, we s einisch wär drufab cho. So zgrächtem gcheehrt het ja di ganzi Sach mit denen Ändlosdiskusionen u däm duurende Gchäär um Wärtvorsteligen i de Wächsujahr, wo me gmerkt het, dass der Momänt für eim isch cho gsi, sech i di angeri Richtig z trääie u mau einisch der Fokus uf sich säuber z richte, weder ging numen uf di angere z luegen u die z komentiere. Mi het de plötzlech tschegget, dass es nid uf die aachunnt, sondern uf das, was me säuber isch gsi u gmacht u wöue het. Ganz egau, was angeri sy gsi u gmacht u wöue hei, u vor auem ganz egau, was die so gseit hei, we der Tag isch läng gsi. Mi het s ja de einisch ghört gha, drum het de das ungereinisch so dermassen a Bedütig verlore, dass eim ds Läbe plötzlech viu eifacher vorcho isch u eim vor auem d Entscheidige viu ringer ggange sy. Itz het das Euterwärden e Kwalität übercho, wo me nie hätti für müglech ghaute, u hätt me nid gwüsst, dass es de am Schluss gliich numen uf ds Stärbe uselouft, mi hätti sech bedänkelos chönne fröie uf das Auter, wo me doch aui, wo scho zmitts i däm Stadium glandet sy gsi, nume ging het ghöre chlööne drüber, gobschon si bi auem Chlööne ging bhouptet hei, si wöug nid chlage. Gmacht hei si s gliich, u mi het s nümm möge ghöre, u wüu me sech ja gschwore het gha, nümme uf angeri z lose, het men ihres Gchlöön la Gchlöön sii u däm zuezlosen em Dokter Lädermaa überlaa u sech a angerem orientiert. Am Hie u Itze bischpiuswiis, u i däm Momänt isch eim i Sinn cho, dass me sech itze gschyder wider würdi a de Waudwägli orientiere, wo me so zmitts im Dickicht isch gstange, für zu de gheime Plätzli vo den Eierschwümmli z cho. Am Schiin aa sy die aber no nid nache gsi oder aber öpper wäri schneuer gsi aus me säuber, was no glii einisch het chönne sii. Mi het ja dä Nüssler o mit Späckwürfeli u Ei chönne särwiere, ds einzig würklech Relewanten isch gsi, der Ragu rächtzytig überztue, für dass dä bis am Aabe de so richtig ling wär gsi, wi me das isch gwanet gsi. Ds Fleisch het nämlech langsam müessen i sim Saft süderle, när het me s müesse la abchaute, bevor me s de vor em Znacht uf e Punkt vor em Aarichte wider gwermt hätti. Di guete Sache bruuchi äben ihri Zyt, isch eim einisch meh i Sinn cho, u mi het sech gfragt, warum s de umgekehrt hüüffig so syg, dass das, wo si Zyt duuri, nid ging guet usechömi. We me sech zum Bischpiu überleit het, wi mängs Jahr i däm Dorf dahie itzen efange syg a däm Wärmeverbung umebbäschtelet worde, für dass d Heizige zueverlässig jede Februar nid funktioniert, de het me dä Umchehrschluss würklech nid chönne zie. O we me gluegt het, was bi der Bäbe het usegluegt, wo ihres Läbe lang het Diät gmacht u nüt nid usprobiert het, für einigermaassen e Figur z mache. Zum Glück isch ere das itze nümme wichtig gsi, süsch hätt o sie i der Bilanz vo ihrnen erfüute Wünsch es riesigs Defizyt gha. So isch si aber wunschlos glücklech gsi, we men ihren e Greemschnitte särwiert het, am liebschte zäme mit ere Schoggi melangsch, bevor me de när wyter i Proseggo isch. Zu däm het si am liebschte chliini Beleiti gha oder mit Früschchääs u Lachs gfüuti Paschteetli i Miniaturformat. So Gmüesdips sägi ihre nüt, het si gmeint, dass sygi z gsung, für guet z sii. Vo settigem wärdi sie nume plääit u de stoossi re di Gurke no di haubi Nacht lang uuf. U so isch men äbe verschide gsi, u we Chlöisu u Töbu de öppe gmeint hei, so auti Lüt heige scho no so ihrer Schrulle, de isch das nid vo nüt cho. Siner Mödeli het me nid nume lehren akzeptiere, mi het ds einten oder ds angere sogar no so chlei koutiwiert. Ds Auter het eim di Freiheit ggä. U teeu hei äben im Läbe d Kurfe besser verwütscht aus angeri. Mit oder ohni Tesla. U we me sech no öppis hätti dörfe wünsche, de eine, wo eim der Rolator frisiert hätt, we s de einisch eso wyt wär gsi, dass es o bi eim säuber nümm so rächt hätt wöue loufe.

Roschtfläcke

Aui hei si druf gspaniiflet, uf di Pangsionierig. Nid nume der
Ruedi, wo gmacht het, er fröi sech uf nüt so fescht, wi uf ds
Nütmüesse. Mi het ihm das ggloubt. Pangsioniert z sii gäb
ihm nüt z tüe, het o der Schnäbi bhouptet, u säuber isch me
nid viu angers druffe gsi u het sech uf das Läbe nach em Er-
wärbsläbe gfröit, gobschon me sech d Zyt, wo me für ds
Schaffen ufgwändet het, säuber het chönnen iiteile. Es isch de
haut gliich auben uf ene Rächnerei useglüffe, gob Ändi Mo-
net der Zautag würdi stimme. Mi überchömi ging das, wo me
verdieni, het s ja öppe gheisse, eim het es aber ddünkt, i dere
Bezieig stimmi das nume bedingt u di Rächnig göng nid uuf,
vor auem denn nid, we me mit angerne vergliichi, wo nüt tüe-
gi u gliich meh überchömi aus me säuber. Dass di eigeti Un-
zfrideheit aber genau dert aaföi, wo me sech mit angerne ver-
gliichi, isch eim scho lenger bewusst gsi. Für das het me nid
zersch müessen achzgi wärde. Aber für dass eim d Ränte jede
Monet zueverlässig u ohni dass me derfür e Finger hätti
müese chrümme, ds Konto wider usggliche het, isch me scho
gärn füfesächzgi worde, gobschon der Houzer Kari het
bhouptet gha, dä Schritt syg de ja nid öppe z ungerschetze.
Mi het ne fasch e chli usglachet, won er da isch derhär cho vo
wägen Autersdepression u Abbou vom Säubschtwärt. Ver-
muetlech het er us eigeter Erfahrig gredt, isch er doch
lengschtens wyt über sibezgi gsi u het nach wi vor praktiziert.
Är chönn siner Paziänte, won er über Jahrzähnte begleitet u
ne guete Kontakt zue nen ufbboue heig, eso ne guete, dass er
mit aune zämen isch Duzis gsi, füraa mit de Froue, doch nid
so mene junge Schnuufer überlaa, het er ging bhouptet, u
won er du vo eim Tag uf en anger isch usser Gfächt gsetzt
worde, wüu sis Härz nümm so het wöue win är, het me du

36

wou oder übu mit em Dokter Lädermaa müesse Vorlieb näh, wo di Praxis samt der Chundschaft überno het. Duzis gmacht het dä mit niemerem. O süsch het er s nid so gha mit der mönschleche Neechi, u säubscht wenn er o z Amerika äne der Dokter gmacht heig, so chönn er s no lang nid mit der Erfahrig vom ene Houzer Kari ufnäh, wo ihre nume heig müesse töif i d Ouge luege für z wüsse, gob si s uf der Gaueblasen oder uf der Lunge heig, het d Bäbe gfutteret. Zum Glück het me nid zu dene ghört, wo jedi Wuche zwöi Mau sy zum Dokter gsecklet. D Frou Chupferschmied het ja für settigs Zyt gha. Di isch aber eigetlech fasch lieber stungelang im Wartzimmer ghocket weder bim Kari uf em Schrage gläge. Weniger wäg de Heftli, wo jedi Wuche nöi sy gsi, sondern wäge der Ungerhautig u de Niuus, wo dahie si ustuuschet worde. Bim Houzer Kari isch nämlech es Wartzimmer no es Wartzimmer gsi. Da het me gwartet, un es het chönne duure, bis men isch a d Reie cho, u we men am zäni het e Termin gha u men am zäni isch cho, sy zersch aui angere dra cho, wo scho dert ghocket sy, unggachtet, gob si überhoupt e Termin hei gha. D Frou Chupferschmied het ging bhouptet, we men am haubi achti göngi, unaagmäudet, de chömi me am erschte dra, no bevor der Kari richtig i Schurz gschlüffe syg. U so hei haut de aui am haubi achti di Praxis gstürmt, so dass am zäni im Wartzimmer ging no aui Stüeu sy bsetzt gsi. Aber so einisch, zwöi Mau im Jahr het es das möge lyde, u mi het o gärn es ugrads Mau i di Schwytzer Iluschtrierti gluegt. Mängisch het es eifach guet ta z erfahre, dass o di Riichen u di Schönen ihrer Problem hei gha, u meischtens di viu tüürere. Di gröschte Schwirikeiten aber hei si mit em Auter gha. Di Schlagertuble mit ihrne töönte Haar u d Stupsnase vo de ehemalige Glämergörls hei eim glächeret, u mi isch froh gsi, het me kener settigen Ambizione gha. Mi wärdi ja o nid duurend vo de Paparazzi verfougt, süsch hätt me das am Änd angers aagluegt, het me de di Promis gliich e chli entschoudiget. Der Kari het de i däm Zämehang ging nume gseit, es sygi wi mit em Brot, wo ersch denn hert syg, we me kes meh heig. Aut wärde wöugen aui. Aut sii aber niemer. U derbii het eim ds Autsii totau gfaue, denn wo me füfesächzgi isch worde. Emu di erschte vierzäh Tag. Mi het zur Fiir vo däm Ereignis ds Hüsli useputzt wi no nie, u nach der Feete het me der Garte gmacht, nüt Schöners. Aaschliessend het me s im Rügge gha, u der Kari het gmeint, das chömm dervo. Mi mües itz nid grad überborde vor lutter Zyt, wo me meini, mi mües die füue. Aut wärdi me zwar vo säuber, aber guet aut wärde müessi glehrt sii. Das het eim o ddünkt, vor auem, wüu me gmeint het, z zwöite würd s eim ringer gah. Mi wär ja ging gärn mit em Schnäbi zämen aut worde. Dä wär zwar vermuetlech im Auter nid grad eifacher worde, u gliich het me sech de mängisch vorgsteut, wi me zäme vorussen uf em Bänkli ghocket wär u de Pure bim Määie hätti zuegluegt. Mi hätti gspürt, wi s herbschtelet, un es wär eim bewusst gsi, dass der Winter nümm wär wyt gsi u dass o dä nid unäntlech dduuret hätt, sondern ds Jahr glii einisch wäri fertig gsi so wi ds Läben o. Un es hätt eim nüt usgmacht oder emu nid viu, wüu men aues hätti gha, wo me sech je einisch gwünscht het gha, oder emu fasch, u mi hätti däm Ändi zämen entgäge gluegt, so wi me früecher zämen i d Zuekunft gluegt u sech uf das gfröit het, wo no vor eim glägen isch. Itze hätti me sech über das gfröit, wo me zämen erläbt het gha, u ds Einzige, wo das romantische Biud e Bitz wyt gstört hätt, wär d Vorstelig gsi, wi me nang bim Vergheie hätti müesse zueluege, wi me nümme säuber hätti chönne ds Füdle putzen u der Schnäbi eim hätt müesse häufen oder dass men ihm der Söifer hätti müessen abputze, wüu er wär im Roustueu ghocket u sech nümme säuber hätti chönne rüere. Drum isch es vilech besser gsi, mi isch eleini gsi mit sine Bräschte, o we s eim truurig gmacht het, dass me niemeren het gha zum Rede. Der Schnäbi het eim zwar dennzmau empfole, mi söu sech doch e Nöie sueche. Eim syg en auti roschtegi Liebi lieber weder e nöii us Plastigg, het me zrugggä u s la guet sii. Das ghöri itzen äbe grad eso chlei i di Kategorii vo der Autersdepression, het der Dokter Lädermaa gmacht, wo me ne druf aagsproche het, es göng eim mängisch so hundsmiserabu, da chönni är sech gar ke Vorstelig mache. Mi chömm mängisch am Morge chuum us em Näscht, wüu me nid gnau wüssi für was, u de blyb me der ganz Tag i däm dunkle Loch inne gfangen u fingi ke Sinn i däm Läbe, ohni dass me rächt chönni säge, us welem Grund. Lieber hätti me e Miniskus oder e Nierekolik, das chönnti me wenigschtens lokalisiere u behandle, so aber syg das irgendwie eso diffuus, dass es eim no einisch meh verruckt machi. Das syg nüt aus normau, het der Anger gmacht, i däm Auter gäb s haut langsam Roschtfläcke, u das chönn eim z schaffe mache, u mi het ddänkt, wäge däm heig sech d Frou Chupferschmied vermuetlech für ne nöii Nasen u nes Gsichttsbliitsching entschide, u dä, der Lädermaa, chönni scho rede, dä syg ja no nid emau vierzgi, wi dä das o wöui wüsse. Ussertdäm syg das es wytume verbreitets Fänomeen, wo sogar jüngeri Lüt mit Tschopp u Familie dermit haaderi, het er no nachetopplet. Das sygi de auso weis Gott kes Prifileeg vom Auter, wo s mit der Aahavou drüberii gäb. Vilech isch das denn der Aafang gsi vo dere wunderbare Findschaft, wo me sech mit em Dokter Lädermaa über d Jahr ufbboue het. Es göng itze drum, sech nümme lenger über e Pruef z definiere, het er eim belehrt, es müessi itzen angeri Aschpäkte pflegt wärde. Es gäbi da ganz wunderbari Therapiie, het er eim wöue schmackhaft mache, we me nid grad vo auem Aafang aa wöugi zu Psüchofarmaka griiffe. Das hätt eim itze no der Bescht ddünkt, we me, nume wüu me niemer meh het gha für mit ihm z schnuren uf em Bänkli vor em Huus, wär zum Psüchiater gsecklet. Da isch

eim e Bitz Zuger Kirschturten uf Bäbes Baukon auimau lieber
gsi, o we me gwüsst het, dass de vor auem sie würdi schnure u
me säuber nume müessti zuelose. Zuesätzlech het me ging no
chönne ga ne Kurpackig Johannischrutt reiche, das het eim o
wider ei chlei Sunnen i ds Gmüet möge bringe. U gnue Bewe-
gig syg o ganz wichtig, het er no nachetopplet, der Medizin-
maa. Aber der Garten isch gmacht gsi u der Hersbscht schu-
derhaft nasschaut u näblig. Das het eim o nid grad i di
richtegi Stimmig versetzt, we men em Waud zue isch u ds
Loub am Bode weder farbig isch gsi no graschlet het, sondern
bruun u pflotschig u moderig. Äs het irgendwie grad aues eso
töötelet, dass es eim ddünkt het, mi heigi s gseh uf dere Wäut,
gobschon men eigetlech het im Sinn gha, über nünzgi z wär-
de, vorusgsetzt, mi hätti s no so einigermaasse tschegget so
vom Intelekt här. Aus angere wär ender so chlei für d Füchs
gsi, we me gläbt hätt, ohni s rächt z merke. Uf jede Fau isch
eim plötzlech das Trampolin wider i Sinn cho, wo i der Fü-
sio, wo me denn wäg der Schoutere het häre müesse, gstangen
isch. Es isch ja tatsächlech der Schwung gsi, wo eim gfäaut
het, auso het me sech eso nes Möbu bsteut, u wo me du das ar
Kää ganz stouz verzeut het, wo me ds nächschte Mau zäme
het kablet, het die nume gmacht, das sygi doch e Gschäftlima-
cherei, das Ganze, mi chönni ja eifach o chlei im Näscht ume-
poorze. Aber di het guet chönne rede. Di het ja dennzmau
ging wider einen am Start u irgendöppis z poorze gha im
Näscht. Si het emu ging gmacht, aut syg men ersch denn, we
me ke Sex me heig. Denn het si grad früsch ds Tinderen ent-
deckt gha u gmeint, we sie merki, wi sie ging no Schries heig
bi de Tüpe, füeu si sech grad zäh Jährli jünger. Ersch speter
het si de zueggä, mit den aute Manne syg s de o nid grad eso
iisi mit dere Poorzerei. Da heig ja mängs möge stah i dene
diwerse Profiiu, im Bett syg aber schlusäntlech de nümme viu
gstangen u de sygs de ender so chlei e müeseelegi Sach worde.

U di jüngere Semeschter, heig si müesse merke, heigen entweder e Mueterkomplex a Tag gleit oder sech vorwiegend mit ihrem Bankeportfolio wöue beschäftige. Uf settigs heig si de o ender ke Bock meh gha. Mi het du emu das Thema la sii u o nümme über das Trampolin gredt, säuber het me sech itzen aber vo junge Frouen uf Juutuub la zeige, was eim sim Buuch u Füdlen u Rügge no so guet chönnti tue, bis eim das de nach öppe so dreine Wuchen o wider verleidet isch, wi die da i ihrne gräue buuchfreien Aalegine so blödsinnig hirnlos sy uf däm Grät umeghüpft wi Frösche mit emene Ufmerksamkeitsdefizit. Nume dass es eim säuber nid us em eigete Loch hätt mögen usespicke. Bis dass du der Zägg isch derhär cho mit sim Herbert. Är göng zwe Mönet uf Übersee, u ds Tabi wöug mit däm Leguan nüt z tüe ha. Es gruusi seie. Der Herbert isch tatsächlech nid der Schönscht gsi, o nid der Spannendscht, win er da di meischti Zyt regigslos uf sim Ascht unger der Wärmelampe ghocket isch u numen au Haubstung einisch siner Ouge vo unger gägen uche zue- u wider ufta het. Au drei Tag het er es paar Höiggümper bbruucht, u di hei sech i ihrem letschte Stüngli meh bewegt weder är sech i sim ganze Läbe. Wenn u wie dass er die verwütscht het, isch eim bis am Schluss es Räätsu bblibe, mi het nie söfeli Gedoud ufbbracht, für ihm so lang zuezluege, bis er äntlech wär i Bewegig cho. Aber immerhin het men öpper gha, für mit ihm z rede. Jede Morgen isch men aus Erschts zu sim Akwarium, wo nes Terarium syg, wi der Zägg eim belehrt het, für ne z frage, gob er guet gschlafe heig. U so stupid, wi eim das säuber o ddünkt het, so guet het s eim ta, isch wider öpper i eim sire Neechi gsi, u we s o nume so ne chliine Längwyler vom ene Zwärgdinosourier isch gsi. U wo du der Zägg isch zruggcho, het me der Herbert scho fasch nümme möge zruggä, u wenn er nid so sträng gschmöckt hätti u di Bsteuerei vo dene Höiggümper nid so kompliziert wär gsi, de hätt me ne bigoscht bhaute.

Am Zägg wär das gloub grad no so gläge cho. Er het sech emu de churzum vom Herbert trennt. Iivernämlech, win er betont het. Vom Herbert zum Tesla isch es du nume no ne chliine Schritt gsi, u dass der Tesla nid nume besser zueglost, sondern zimlech viu meh a Gfüeu zeigt het weder dise i sim Glaschaschte, isch e wunderbare Näbeneffekt gsi. Gärn hätti me e Hung us em Tierheim gno, aber dert isch nüt gsi, wo zu eim passt hätt, u der Zägg het nume glachet, di heigen öppe Tag der offenen Tür gha, de syge füraa d Färiche läär. Wo du der Hirt isch verbyzoge mit syr Herden un ihm e Hung isch z viu gsi, het me sech grad sofort i dä chlii Galöör verliebt, gobschon er gstunke het win en usgwachsne Schafbock. E Jeger syg dä nid, aber guet hüete wärd er lehre, het er eim versicheret. U ds Böckele verlüüri sech de o mit der Zyt. Das passi beschtens, het me gmeint, mi syg scho glii i däm Auter, wo öpper zu eim mües luege. U dass öpper derewä het Fröid gha, jedes Mau, we men isch heicho, u syg s nume gsi, dass men isch ga Miuch reiche, het me vorhär no nie i däm Usmaass erfahren u dass der Tesla hätt e schlächte Luun gha, hätt men o nie einisch erläbt. We eim früecher jede Morge, wenn er eim ds Gaffee bbracht het, em Schnäbi sis Lache het la d Sunnen ufgah, so het a däm Hung si Fröhlechkeit eim ds Härz ufta u der Blick für di schöne Syte vom Läbe gscherft. Guet, der Tesla isch zimlech viu ufwändiger gsi aus so ne Leguan, aber we men öppis het gha im Auter, de isch es Zyt gsi, u we men öppis bbruucht het, de isch es Bewegig gsi u öpper zum Rede. Uf au Fäu het ungereinisch o das ganze Pangsioniertsii e Sinn ergää, u mi isch froh, het me kener wytere Verpflichtige gha, weder eso ne Pajass vom ene junge Hung müesse z beschäftige, wo eim, wenn er isch ungerforderet gsi, d Schue verschleipft oder öppe no d Tischbei verchätschet het. Hüng syge schlimmer weder chliini Goofe, het du der Zägg emu gmeint, u uf das ache het me nume chönne säge, vo settigem heig är itz würklech ke Ahnig. Immerhin isch der Hung du euter u vernünftiger worde, was me bi Mönsche nid umbedingt het chönnen erwarte.

Vorsprung

D Kää het s gar nid möge guttiere, we men öppe gspöttlet het, glii chönn me sech ds Oschternäschtli säuber verstecke. Sie, wo di ganz Zyt ihri Brüue gsuecht het, wo si se doch het uf der Nase gha, het das nid luschtig gfunge, u we me re de gseit het, si söu doch eifach zum Optiker, sech ga la stercheri Glesli verschrybe, de het si das mit emene no abschetzigere Blick kwittiert, wüu si nid het möge zuegä, dass ihrer Ouge scho wider chlei hei naagla. Derbii hätt si s de nid nume wider besser gseh mit ere nöie Brüuen uf der Nase, si hätt de o di Suecherei chönne la sii u sech nümm bruuche Gedanke z machen über nen aufäuigen Auzheimer. Aber d Kää wär nid d Kää gsi, we si im Auter öppe no wär nachgibig worde. Di isch vermuetlech scho im Mueterliib stuur gsi wi numen öppis, uf au Fäu het si einisch düreggä gha, si heig haut nie wöue Chräbs wärde, drum syg sie drei Wuche z spät uf d Wäut cho. Aus Löi sygi s ihre viu wöhler, u we si der Aszendänt o no grad hätti chönnen useläse, de hätti sie der Steibock gno, nume leider heig si i dere früeche Faase vo ihrem Läbe bi der Aschtrologii no nid eso guet düregseh, für o no das chönne z stüüre. Zum Glück isch me säuber weniger aafäuig gsi für settigem ufhocke, auso weniger de Stärnzeichen aus viu meh de Sorgen um en Auzheimer. Emu het me das gmeint oder zmingscht ddänkt, das syg nid grad ds Relewantischte für e Momänt. I re Zyt, wo d Vögu d Grippe, d Söi d Pescht u d Chüe der Wahnsinn hei gha, d Affe d Pocken u d Wäut erhöhti Tämperatur, het me nid der Wunsch gha, hundertzwänzg z wärde. Gäge ds Autere chönn me sech nid impfe, u das syg o richtig so, het me drum voletscht zum Dokter Lädermaa gmacht, wo dä eim scho wider irgendöppis het wöue sprütze, für dass me wider loufi wi nes Örgeli. Für settigs heig me kes Musigghör, das sygi nid eso ganz eim si Plan, het me zuen ihm gseit, der Murmelischmutz tüeg s eim no lang, u abgseh dervo heig me ja nüt z pressiere. Zwar het me sech vor paarne Jahr no e nöii Huft gleischtet, u mit deren isch ds Läben ungereinisch zimlech iisi worde, wi das der Zägg hätt usddrückt. Sider deren Operazion u de Krücke, wo eim zimlech bbrämset hei, het me nach deren Erfahrig nümme ds Gfüeu gha, mi müessi no lenger öppisem hingernacheseckle. Mi isch a jedes Ziiu cho, u we me das rächtzytig het wöuen erreiche, het me haut eifach e chlei früecher müesse starte. Drum het me vor em Randewuu mit Chlöisu u Töbu der Salat o scho am Morge gwäsche gha, d Eier sy o scho gschweut gsi, u der Ragu het me scho bau einisch wider chönne zruggsteue, wüu er scho glii ling isch gsi. Gfääut hei nume no d Härdöpfle, u für die z rüschte het men itz grad gäbig Zyt gha, wärend ds Hörspiu am Radio glüffen isch. Dass eim itz der Zägg mit emene Ässämmäss het müessen ablänke, het eim zwar chli ufgregt, aber mi het gwüsst, dass dä nid zu dene ghört het, wo eim aupott es blöds Witzli gschickt hei. Drum het me d Häng haut no einisch abtröchnet u gluegt, was er eim da het wöue kundtue. Es wärdi morn de öppis speter, het er gschribe, si müessi no bim ene Koleeg verbii ga nes Welo reiche. Itz heig s ihm o fangen i ds Hirni gschiffet, het me ddänkt u grad wöue schrybe, morn syg s de öppe z spät für Stock u Ragu, wo me sicherheitshauber no einisch het uf e Kaländer gluegt, für z merke, dass me sech säuber im Tag trumpiert het. D Frag isch itz nume grad gsi, gob me der ddeckt Tisch no einisch het wöuen abruumen oder ne grad eso la sii mit de schöne Gleser u de Cherzeständer, u mi het entschide, gmacht syg gmacht u das göngi schliesslech niemeren nüt aa, was bi eim wi lang uf em Tisch stöii, u hätt d Frou Chupferschmied unger irgendemene fadeschiinige Vorwand verbygluegt, es wär eim no grad einisch gliich gsi. Schliesslech syg me sire Zyt säute gnue voruus, het me ddänkt u ds Härdöpfuwasser wider usgläärt. Mi chönni ja ne Pizza bsteuen u die vor em Tiwi ässe, het me gfunge. Itz, wo me das mit dere Chocherei scho erlediget heig, chönn me s guet e chli la tschädere, das tüeg me sech itz leischte mit däm Vorsprung, wo me sech da gschaffe heig. D Kää hätti eim äuä widerume numen e Vortrag ghaute vo wäge, itz heig me nid emau meh siner Täg im Griff, wi äch de das no söui usecho mit eim, we me sech da so vertüeg mit sine Termine, glücklecherwiis het men aber scho lengschtens nümme jede Kwatsch mit der Kää teeut, auso het die vo au däm nüt müessen erfahre, u o der Zägg u siner Giele hei nid bruuche z wüsse, dass me se scho hinech erwartet hätt. Es sygi kes Problem, het men ihm drum gschribe, si söui sech nume Zyt la, dä Ragu loufi nid dervo, u je lenger dä i sire Soosse ligi, deschto besser wärdi dä. U der Stock machi me de a la minüt. Mi het nid emau müesse lüge, eso, wi me di Nachricht verfasset het, u am Nüssler i sim Töpperweer isch das vermuetlech o zimlech schnurz gsi, wenn dass er de uf ds Täuer wäri cho. Dise Wäg het men ihm sis Läbe no einisch chli verlengeret, o we me sech nid het chönne vorsteue, dass es im Chüeuschrank bsungerbar viu hätti z erläbe ggä. Mi het aber chönne sicher sii, dass er morn nid scho schlampig würdi sii, wüu me bim Gmüeser früschi Waar diräkt ab em Fäud gchouft het gha. Trotz Chrieg u Pandemii u drohendem Klimakolaps het me nach wi vor bio ggässe, was eim mängisch e chli fragwürdig isch aacho, aber we me scho nümm lang z läbe heig, so het s eim ddünkt, de müessi wenigschtens d Kwalität stimme. Gob me s itzen aber mit der Gsundheit no so gnau müessi näh, het me sech de scho chönne frage, u drum het men ab u zue mit em Gedanke gspiut, i dere prekäre Sitwazion chönnti eigetlech o grad so guet wider e chli groukt sii, wüu we d Wäut nächscht Jahr unger göng, spilis o ke Roue meh, gob me chli chrenker stärbi. D Vernunft het aber bis itze no jedes Mau über e Gluscht möge triumpfiere, u das isch vilech gschyder gsi, wüu me nid o no über settigs mit em Dokter Lädermaa het wöue liire. Dä het eim ja scho wider aus Laborratte wöue missbruuche, indäm dass er vom ene nöie Piueli gschwärmt het, wo ds Hirni so richtig i Gang bringi, wüu di Kombi vo Amfetamiin u Öschtrogeen schiinbar i der Laag syg, d Kontäkt vo de Bluetbahnen oder de Närfesträng im wiibleche Hirni, so guet het me sech si Vortrag nid verinnerlechet gha, für das no so gnau chönne z rekapituliere, flexibu z bhaute. Mi het sim Liibarzt du nume verklickeret, mi schwöri nach wi vor uf di Ginkotropfe, mit dene fahri me superguet un es gäbi überhoupt e ke Grund, da öppis wöue z probiere, wo i der Versuechsaalag no nid emau erhertet syg, mi heig das nämlech gläsen i der Zytig, dass da grossi Hoffnigen i das Mittu gsetzt wärdi, d Langzytstudien aber no nid abgschlosse syg. Da het der Dokter Lädermaa einisch meh chönne stuune drüber, wi guet dass men im Biud isch gsi über di momentani Sitwazion nid numen uf der Wäut im Augemeine, sondern o i wüsseschaftlecher Hiesicht. O i Sache Wirtschaft u Technologii isch me meischtens so zimlech ap tu deit gsi, das widerume het men em Zägg chönne verdanke, wo eim mit sine Fragestelige ging u ging wider derzue bewoge het, thematisch aschuur z blybe, nid dass men ihm de öppen eines Tages wär en Antwort schoudig bblibe, wenn er eim widerumen einisch um ne Stelignahm bbätte hätt. Mi het o dank ihm dä gross Kaländer a der Wang näb der Iigangstüre gha, wo me het iigschribe, wenn was aagstangen isch, so dass me weni u nüt vo däm verpasst het, wo men abgmacht het. Ds Seniorenässe z vergässe wäri ja no eis gsi, o we de aui, we me nid erschine wär, zunang gseit hätte, mi wärdi o efangen aut, we me dä Iwent vo den Iwents uf der Pangsioniertenagända verlaueret hätt. Bim Zanarzttermin het das de aber widerume ganz angers usgseh. Scho rein numen e Kontroue het ja söfeli wi nes feins Teetateet im ene Gurmeetämpu gchoschtet. Vo de Brüggen u Chrone, wo me da so mit sech umetreit het, gar nid z rede. Da hätt me sech es paar Goliee oder Diamantringe chönne leischte dermit oder e Chrützfahrt i der Erschtklasskabine. Nume het eim weder ds einte no ds angere schuderhaft viu gseit, u mi isch wöhler gsi, het me guet chönne biisse. Aber mi het nid o no für öppis wöue Chlüder la lige, wo d Leischtig nid emau erbracht worden isch. E lääre Stueu het nämlech genau söfu gchoschtet, wi we me wäri druffe ghocket, u das Gäut hätti eim de groue. Drum het men e settige Termin nume grad eis einzigs Mau verpasst, wobii d Kää denn gmeint het gha, mi heig dä weniger vergässen aus viu meh verdrängt, ds Ungerbewusstsii heig eim da vor emene ugueten Erläbnis wöue bewahre, das heig vermuetlech scho si Grund, wägerum me da nid häre syg. Ds ugueten Erläbnis isch aber du ender d Rächnig gsi, wo me trotz auem übercho het. Sie säuber isch ja ging i Oschte ga ihrer Zäng mache. Sie syg no ging guet gfahre mit dere Firma, wo men einisch im Jahr i ne Gar stygi u de nach ere Wuche mit emene bländend wiisse Lächle wider heichömm. Dert schaffi me mit Lachgaas, u ganz abgseh dervo, dass dert ds Priisleischtigsverhäutnis stimmi, heig me s uf aus uche no luschtig zäme. Sogar, we me nume settigs ghört hätt gha u nid o no ganz e Huuffe schuderhaft strubi Gschichte vo abverheiten Implantaat u Infekzione, won es haubs Jahr nümm hei wöue bessere, hätt s eim, wo säuber ds Läbe lang nume Schwytzer Härdöpfu gchouft het, der Gring nid zueggä, mit tschechische Zäng im Muu di Härdöpfu z ässe. Das hätt irgendwie nid zämepasst. U am Hungertuech het me ja nid grad müesse gnage, auso het me si Stutz i der Praxis vom Dokter Vögeli la ligen u het däm si Jacht uf em Nöieburgersee mitfinanziert. Dass er näb deren o ging wider siner Grätschafte modernisiert het, isch e glücklechen Umstang gsi. Au ergattig settigs isch eim dür e Chopf, wi me da so vor däm Kaländer gstangen isch u gmerkt het, dass dä nid viu gnützt het, we me nid im Griff het gha, wele Tag dass hütt isch gsi. Ds Znacht mit Chlöisu u Töbu isch nämlech richtig iitreit gsi, der Fähler isch dert passiert, wo men am Morgen us em Bett gstigen isch i der Meinig, es sygi Midwuch. Dass me der Ziischti het übersprunge gha, isch eim ersch mit em Ässämmäss vom Zägg ufggange. Dass me sech für aus u jedes het es Zedeli gschriben, isch nüt Nöis gsi. O dass me de di Zedeli ging irgendwo vernuuschet het, isch eim nid frömd gsi. O isch me hüüffig vor em offnige Chüeuschrank gstangen u het nid gwüsst, was me dert het z sueche gha, auso isch me wider a Tisch ghocket, für z merke, dass eim der Anke gfääut het. So göng das öppen aune, het me sech beruiget, u wo du d Frou Chupferschmied voletscht isch cho lütte, si heigi d Miuch im Konsum la stah u itze heigi d Läde scho zue, gob me vilech e Schluck für se heigi, het eim das so richtig chönne fröie, aber nume drum, wüu me gmerkt het, dass me nid di Einzegi isch gsi mit settige Missgschick. Schadefröid wär da fääu am Platz gsi, wüu eim settigs ja noch und nöcher passiert isch. D Frou Chupferschmied het eim bi der Frag vom Händling vom eigete Terminkaländer aber nid viu wyterbbracht, u mi isch zur Erchenntnis cho, es gäbi vermuetlech nüt angers, aus dass me jede Tag abhääggli, bevor men i ds Bett göng. Was hinger syg, syg gmääit, het o der Bützu ging gmeint, u dä het das müesse wüsse, är, wo der ganz Summer lang am Höien isch gsi. Eim het das e guete Plan ddünkt, das mit däm Hääggli, solang me dises nid het vergässe z mache, bevor men isch ga ligen oder nümme gwüsst het, gob me s itz scho gmacht heig. Sicherheitshauber het me ja am Morgen aus Erschts chönnen uf ds Händi luege, für z kontroliere, gob me s am Aabe richtig gmacht heig. Es het eim langsam afa dünke, ds Läbe wärdi jede Tag chli komplizierter. Wüu bis men am Morge het

chönne sicher sii, wele Tag me het chönnen i Aagriff näh,
isch zmingscht e Viertustung vertublet gsi, wüu o ds Händi
zersch het müesse gfunge sii. Kes Wunger, isch di Zyt im
enen Affezang verbii, sogar ohni dass men e Tag übersprunge
hätt.

Tschiipiäss

Äs hätt nüt Eifachers ggä, weder Rougöferli mit Vougumiredli z konzipiere. Oder fuegelosi Vorplätz. Wär no nid uuf isch gsi a däm Morge früe, isch spetischtens itze gweckt worde. Aber mi het sis Gwüsse beruiget, wüu eim isch i Sinn cho, dass d Kää voletscht gmeint het, ersch im Auter wärdi der Mönsch zum Näschtflüchter. Eso gseh sy d Lüt vor Sidlig vermuetlech zu dere Zyt lengschtens we nid uuf, so doch emu wach gsi. U gliich het me sech wider einisch scho vor de sächse gnärft, gobschon me das mit deren Ufregerei fange nid schlächt het im Griff gha. Der Hormonspiegu isch ja o nümm eso hööch gsi wi o scho, u der Bluetdrucksänker het vermuetlech o so chlei öppis derzue biitreit, dass me nümme so schnäu vo nou uf hundert oben isch gsi wi früecher aube. Aber di Bsetzisteine vor em Iigang i d Hingermatt si archidektonisch würklech kes Meischterwärch gsi, da heig eine widerumen einisch numen uf d Gstautig gluegt u d Benutzerfrüntlechkeit usser Acht gla, het s eim ddünkt. Bischpiuswiis für ne Pfischter mit sim Rolator, wo no nid so nes Luxusmodäu mit Fäderig u Aabeeäss isch gsi, isch dä Belag d Höu gsi, nüt aus es einzigs Hindernis. Bim lenger drüber Nachestudieren ab auem Warten uf di angeren isch eim i Sinn cho, vilech heig me das aber ja genau deschtwäge so planet, für dass di nümme ganz eso Autagstougleche nid so schnäu chönni tube. We die nämlech e Stung zwo bbruucht hei, für sech über e Vorplatz z chrüpple, hätt me se de schnäu wider iigsacket gha, no bevor si bim Fridhof unger a der Houptstrass wäre gsi u sech säuber gfährdet hätt. Grad nach em Auter, em Husaut u em Kreislouf syg der gröscht Find vom Mönsch ja der Strasseverchehr, het me gwüsst, u trotz au dene Gedanke sy eim di Bsetzisteine grad schuderhaft uf ds Gäder. Mi wöug profilaktisch drum em

Zägg emu de scho mau der Uftrag gä, er söu eim de rächtzytig so ne Gehhiuf tiuune. Nid dass me säuber de eines Tages bim Flüchte scho am Usgang schytteri. Itz aber het men Usgang gha, ganz legau u offizieu. Es isch eim zwar eigenartig aacho, dass me sech hie het müessen abmäude, we men über Nacht wägg bbliben isch. Das syg e Schigganiererei, het s eim zersch ddünkt, bevor de d Bäbe berächtigeterwiis het iigworfe, mi wöugi äuä öppe de nid eines Tages ersch gfunge wärde, we s us eim sim Loschii efange chlei sträng schmöcki. Das het eim de widerumen iiglüüchtet. Chlei Kontroue het s hie bbruucht, u d Vorteile vo dere Sidlig hei so settegi Komplikazione nid nume nach sech zoge, sondern se o schnäu wider wettgmacht. Vo der Kää u vo der Bäbe het me sech natürlech verabschidet. Vilech o nume für chlei z plöffe, mi göng drum a ds Meer, solang s einigermaasse syg. Früüre chönn me de wider lang gnue. Numen ar Frou Chupferschmied het me nid Bscheid ggä, u das äxtra. Di wär de süsch wider überau ga umeschnure, das müessi me de zersch o no vermöge, eifach eso hurti schnäu uf das Spanien ache, u das i däm Auter u ersch no mit drei junge Purschte. Di hätti eim de glöcheret, bis si aues bis i ds letschte Detai gwüsst hätt, u genau di Fragerundi het me wöue vermyde, u we si itz zum Fänschter usgluegt het, di auti Hudere, de het si zwar gseh, dass me dervo isch, wohären aber het si ke Ahnig gha. U o süsch niemer. Das het nämlech nid derzue ghört, dass me het müessen es Ziiu aagä. Si hei hie nume wöue wüsse, mit wäm dass me wi lang ungerwägs syg. Un es Händi het me ja o gha, we de öppis wäri gsi, wo si eim hätt müessen erreiche. Usserdäm het sech ds Leitigstiim schwär a d Schwygepflicht ghaute. Da het d Frou Chupferschmied no so penetrant chönne ga insischtiere. Vo denen isch nüt z erfahre gsi. Mi hätti s ja säuber nid ddänkt gha, dass me sech tatsächlech liessi la überschnure. Aber was het eini gäge drei scho wöue. Mi isch ungerläge, no bevor me bim Gaffee isch aacho gsi. Si hei natürlech o jedes Argumänt i ds Fäud gfüert, wo ne numen i Sinn isch cho, aagfange bim Superschlitte, so mene Ässiuwii, wo der Töbu chönni mischle, über d Hundefrüntlechkeit im Süde, wo me säuber zwar e chlei aazwiiflet het u zersch emau het müesse der Impfpass ga reiche, für z luege, gob si der Tesla überhoupt über d Gränze liess, bis zur Reiserutte, wo si hei plaanet gha. Spetischtens vo der Gootasüür aa hei si eim im Boot gha. Klar wär s chürzer gsi über Moopöliee, dertdüre chönn me de heizue u di Strecki i eim Chutt hinger sech bringe, het der Chlöisu praschaueret, aber nidsi zue wöug me doch e chlei öppis ha vo dere Sach u zwöi, drünen Orte stiu ha. Abgseh dervo syg der Töbu mit sibni ds letschte Mau am Meer gsi, da mües me scho luege, dass dä öppis bbotten überchömi, drum fahri me über Genua, u när aues ar Küschte naa. Fasch het me sech im ne Gabrio gseh hocke, mit Chopftuech u Sunne-brüue, u mi het sech a d Zyte mit em Tschonn zruggbsunne, wo men auben im offnige Charen uf Losann achen isch ga Mull ässe. Vilech isch eim der Wiiss chlei schnäu i Gring gsti-ge, uf jede Fau het me schneuer zuegseit, aus men überleit het, u uf das ache het der Chlöisu no grad e Schämpis ufta, für uf das Reisli aazstoosse. Är syg scho weis nid wi lang nümm furt gsi u wenn, de nume z Schodfoo unger bim Gusää, dä heig dert es Mobilhoum chli usserhaub. Nüt Schöns, aber emu wägg vo deheime. Das syg doch d Houptsach bi Ferie. Der Töbu het derwyle nume stiu u mit emene rote Gring vor sech häregschwitzt. Mi het vermuetet, dass o är nid grad so der Ferietechniker isch gsi, druf aaspräche het me ne du aber nid wöue, mi het grad Problem gnue gha mit sech säuber, wüu me bau nid gwüsst het, gob me sech itze söui fröie oder ufrege über sich säuber. Der Zägg isch ga di schöne Gleser sueche, bis men ihm gseit het, mi heig nume no die vieri, wo da uf em Tisch stöii, im Grund gno heig me nümm dermit grächnet, je

no einisch im Läbe Krischtaugleser z bruuche, mi heig sis
Wäärli minimiert u syg bis itze ganz guet gfahre mit dere De-
wiise. Numen i ds Göferli dörf me de aus iipacke, wo ds Härz
begehri, vo de Strandschue bis zum Aabechleid, het der
Chlöisu plagiert, dä Chare heig e Stouruum, wo näb auem
Gepäck o no e Hundeboxe Platz heig. Mi het gstuunet, wi
unkompliziert der Chlöisu uf ds Thema Hung iigschwänkt
isch. Di zwee si ja schier verreckt vor Lache, wo me ne der
Tesla het vorgsteut. Vorgsteut heig si sech da drunger scho so
chlei öppis angers, hei si ggröölet, u der Töbu isch grediuse a
Bode gläge, für em Hung z flattiere, no bevor er eim säuber
richtig ggrüesst het. Dass me der Tesla öppen am Änd dehei-
me liess, isch überhoupt nid zur Diskusion gstange, gobschon
dä weder ds Reise no d Stadt isch gwanet gsi. Dä reisi de im
Fau uf em Rücksitz, het me drum umgehend insischtiert, wo
di Boxen isch zur Sprach cho, dä wärdi de da nid öppen i ne
Chrääze gsperrt, we s mües sii, de vilech für über d Gränze,
aber we der Tesla nid voruse gsei, de wärd s ihm schlächt, u
das heig me de dervo. Ds Thema het me gwächslet, no bevor
sech d Fantasiie i ds Unappetitleche bewegt hätti, u der Töbu
het gseit, nume dass er s gseit heig, er schnarchli de im Fau.
Emu nid bim Fahre, het Chlöisu ggrinset, das sygi d Houpt-
sach. Überhoupt mües me de luege wäge Zimmer, isch eim i
Sinn cho. Mi übernähm de im Fau dä Schade inklusiife Ou-
tomieti, het me sech ghöre säge, u da isch es uf ei Chlapf stiu
worde. Mi isch grad so schön im Schuss gsi, dass me wyter het
gross uftischet. Us em Auter vo de Jugendherbärgen u Gmein-
schaftsschiissine syg me de im Fau dusse. En eigeti Tuschen u
Meerblick syg de ds Minimum. So chlei Komfort müessi sii,
we me scho einisch i ds Ussland göng. Es heig ja ke Spitz, we
me sis Gäut horti bis zum Tod, denn nützi s eim de nüt meh.
Gschyder gönni me sech uf diser Syte vom Jordan no so chlei
öppis, u we die a der Riwiera ligi, de umso besser. No ging hei

si nüt gseit, di drei, u so chlei Widerstang wär eim no entgäge cho, für dass me hätti chönne säge, ds Ässen u ds Dünne chönni sie ja de berappe. Di si aber so paff gsi u hei d Müler offe vergässe, ohni dass öppis wär drus usecho, dass men o grad hurti het müessen überlege, wi me het wöue wyterfahre. Drum isch men efangen einisch ga Gaffee mache. Ds Schämpisglas het me mit i d Chuchi hingere gno u het ghört, wi di Gielen itze mitenang hei afa verhandle. Si hei zwar gchüschelet, wüu si sech aber auem aa nid sy einig gsi, isch es meh uf enes Zischen useglüffe, vermuetlech hei si sech aber uf eim sis schlächte Ghör verlaa, u tatsächlech het me kes Wort vo däm verstange, wo si da diskutiert hei, bis dass du der Zägg isch i d Chuchi cho u gseit het, es syg äben eso, dass me da bereits gwüssi Ungerkümft i ds Oug gfasset heig, u si eim drum i dere Bezieig nümm gross chönn i d Entscheidigsfindig iibezie, so vo wäge Priisklass u Süplemaa u so. Das syg eim so läng wi breit, het me ne chönne brämse, mit der Planig wöu me lieber nüt z tüe ha, da sygi sie viu gwagleter mit dere ganzen Onläinbuecherei. Es söu de eifach ja nid gschmürzelet wärde, es röii eim nüt, das syg äuä öppe di letschti Reis, wo me no machi. Sägi me doch lieber, di zwöitletschti, het der Zägg interweniert. Wenn är öppen es Kreditchärtli sötti bruuche zum Voruszale, de chönn er s hinech grad mitnäh, de syg o das erlediget. Der Zägg isch ja no nid emau denn, won er no ne chliine Gwaagg isch gsi, der Schööseler gsi, itzen aber het er eim i d Arme gno, u mi isch minutelang so gstange, u mi hätti chönne wette, em Zägg loufi d Nase, wüu er fasch chlei het müesse ds Ougewasser verhaa. Es hätt eim nid erstuunt, wüu eim ja bewusst isch gsi, was ihm die Reis bedütet het. Für ihn isch es um aues ggange. Oder um nüt, wes tumm wär usecho. Es ligi a ihm, si Peer z finge, nume ligi Barsselona haut nid grad am Wäg. Jedi Reis heig ihre Priis, u we me da derzue öppis chönni biistüüre, de machi me das no so gärn, hätt men ihm mit uf e Wäg ggä, s de aber la sii. Das het eim de gliich e chlei z dick uftreit ddünkt. Ganz abgseh dervo, dass är ja nid het söue wüsse, dass me gwüsst het, um was es genau geit. Es het glängt, dass me s verstange het, dass ihn di Sach derewä bewegt het, u mi het sech e Spruch verchlemmt u nume gseit, itz syg s Zyt für ds Dessär, süsch chömm me de hütt nie meh i ds Näscht. Eifach kes Wort zum Tabi, het der Zägg no gmacht. Si Meer mües vo au däm rein gar nüt wüsse. Vo ihm uus chönn me säge, mi göng ga kuure. Är syg offizieu uf Gschäftsreis. Mi syg weder ar Schwoscht no am Tabi je einisch Rächeschaft schoudig gsi, het men abgwunke. Da müessi gar nüt gseit sii vo wägen Abwäseheit. Di zwo chömi sowiso nie verbii, u wenn, de nid unaagmäudet, u we si de usgrächnet i dere Zyt sötten aalütte, de syg me de haut grad bim Gwafför oder so, mi verstöi s guet, dass er siner Lüt nid unnötig wöugi schaluus mache, so Ferie täti am Tabi nämlech o einisch guet, we si sech de nume würdi Zyt näh für settigs. Aber ussert däm syg si ja duurend am Schmürzele mit de Chöle. Drum chömm si haut o nie wyter weder nume grad bis uf Grinduwaud. So het men uf e Zägg iigschnuret, gobschon dä scho lengschtens isch mit em Mixer u der Nidle beschäftiget gsi u äuä nid d Heufti vo däm het mitübercho, wo me da grad so vo sech ggä het. U wo me du mit de Schäli mit em Fruchtsalat isch i d Stube cho, sy di angere zwee am Tisch über em Händi ghanget, gobschon si ihrer Grätschafte bis itze problemlos hei chönnen unger Verschluss bhaute. We di zwee binenang sy gsi, sy si vermuetlech vernetzt gnue gsi, so dass si kes Telefon meh bbruucht hei. Denen ihri Wäut isch chliin u überschoubar gsi, u vor auem bim Töbu het me ds Gfüeu gha, mit dere Reis wärd sech ihm ganz nöii Horizonten uftue. Di drütägegi Schueureis i ds Tessin ache syg vermuetlech ds letschte Mau gsi, won er paar Tag ewägg sygi gsi vo deheime, het me der Zägg mau über dä aut Schueukoleeg ghöre spöttle, zu re Zyt, won er mit em Töbu no weniger äng isch gsi weder im Momänt. Wägerum usgrächnet di zwee uf dere Reis hei müesse mit vo der Partii sii, isch eim nach wi vor es Räätsu gsi, sy doch di beide, so viu me gmerkt het gha, weder dicki Fründe vom Zägg no grossi Organisazionstalänt gsi, o we si sech aui Müe hei ggä, e gueti Faue z mache. Mi het nume chönne hoffe, si syge kener Trittbrättfahrer u zieii der Zägg nid öppe no i öppis iche, won er de nümme drususe chömm. Vo däm här het s eim ddünkt, syg s äuä gschyder, mi göngi mit u luegi, dass da nüt Chrumms loufi. Di zwee syge zwar scho rächt, aber äbe gliich irgendwo düre genau so Tüppe, wo us lutter Naifität schnäu einisch i öppis iche laueri. Si luegi nume grad hurti wäg der Strecki, hei si sech promt de o grad wöuen useschnure, bevor si ds Händi wider versorget hei, u der Töbu het gmacht, mi bruuchi de im Fau kes Tschiipiäss, är chönn totau guet Charte läse, är fing das kuul, so oldfäschend ungerwägs z sii.

Stouruum

Si chönni scho lache, het me gmacht, wo di zwee ggrinset hei, u gseit, es syg ja erwise, dass d Frouen im Schnitt ging e chlei meh Gepäck bi sech heigen aus d Manne. Aber grad zwo derewä grossi Gofere heig si itze gliich nid erwartet. Mi syg ja o z zwöitehööch, het me mit Fueg u Rächt chönnen entgägeha, der Zägg het emu kener Problem gha, di ganzi Sach ohni müesse z stungge hinger inne z verstoue. Zum Glück syg s keim vo beidne i Sinn cho, öppe no nes Sörfbrätt wöue mitznäh, het me ne zue sech säuber ghöre säge, aber dene beide Paiasse het itz niemer e sportlechi Aadere zuegschribe, u grad nume so chlei für z plöffe, wär ihne das ganze Gschtelaasch warschiinlech de gliich z umstäntlech gsi. Ds Handgepäck chönni me mit füre näh, het Chlöisu eim aagwise, das syg wi im Flugzüüg. Tuttifrutti u Erfrüschigstüechli heig s i der Mittukonsole, zäme mit ere Guttere Wasser u emene Röueli Robidog, won er voletscht am Waudrand obe heig abzüglet. Bim Packen isch me ging vom Hundertschten i ds Tuusigschte cho, u dass ds Bagaasch im Auter nid isch chlyner worde, het eim verwungeret, wo s doch ging gheisse het, ds letschte Hemmli heig de kener Seck. Da hätt me doch eigetlech dermit müesse chönne rächne, dass me fange so chlei glehrt hätt, mit liechtem Gepäck ungerwägs z sii. Wo hätt me de aber o häre wöue mit de Inkontinänziilage, der Thermowösch, der Bettfläschen u em Hirsechüsseli, de Bettsocke, em Nessesseer mit au dene Tablettli u Tröpfli, wo sech im Verlouf vom Euterwärde so langsam chlei zum ene Riesesortimänt hei zämegläpperet gha, aagfange bim Ysechrutt über e Sunnehuet bis zur Nachtcherze. D Schue mit den Iilage het men aaglet, aber de het me de gliich no nes liechters Päärli bbruucht für am Aabe ga Znacht z ässe, u ohni Sandale het me nid i Süde wöue, gobschon me sech het gschwore gha, mi loufi nümme ohni Socken ume mit au dene Hüenerougen u iigwachsene Negu. Ir Frömdi het eim aber niemer kennt u drum isch eim das e Chiuche gsi. Houptsach, mi het kener Schweisfüess übercho. Näb de länge u de drüviertulänge Hose, de Liibli un em Chutteli het me no nes schiggs Blusli u der fiin Schaau us Merinowule, wo men einisch vom Tabi het z Wienachten übercho gha, iipackt, mi het nie chönne wüsse, gob s am Aabe nid vilech e chli früsch hätt wöue wärde, u anstatt em ne Röckli het me di gäbig liechte Hosen i ds Göferli ta, die wo ging hei usgseh wi us em Truckli, gobschon me se nid het müesse glette. Di sygen us Plastigg, het d Kää ging bhouptet, di stinki, we me se scho numen aaluegi, u vilech het si sogar rächt gha, e gueti Faue hei si aber trotzdäm gmacht, u das het eim d Houptsach ddünkt, wüu me ja vermuetlech nid numen im Teikewei het wöuen iichehre. Das aues u ds Pischi, di paar Töpfli mit de Gsichtsgreme, ds Murmelifett, ds elektrische Zangbürschtli u ds Reisemätteli für d Morgegimnastik, d Stützströmpf u ds Handwöschmittu, der Faserpeuz u d Chleider zum Wächsle, der Rägeschutz u d Thermosfläsche, d Reiseappiteeg u d Ladegrät für ds Telefon u d Hörgrät hei d Grundusrüschtig ir eigeten Autersklass usgmacht. Mi het sech ja lang dergäge gwehrt gha, sech so Apperätli i d Ohre z stecke. So ne transparänt deklarierti selektiifi Wahrnämigsstörig het eim im Grund gno no öppis Praktisches ddünkt, vor auem ging denn, we me d Frou Chupferschmied scho vo wytem het ghöre rüefe u me het chönne dergliiche tue, mi ghöri se nid. Wo me du aber em Zägg het gseit, es sygi schad, wärd men ir Hingermatt nid vo de Vögeli gweckt, das ligi aber vilech o am Artestärbe, het der Zägg nume gmeint, das ligi weniger a der särblende Tierwäut, sondern hundert Pro am verminderete Hörvermöge. Vögu heig s hie nämlech der Huuffe, nume dass die uf ere Frekwänz komunizieri, wo vom auten Ohr nümme wahrgno wärdi. Das het du der Usschlag ggä für ne Hörtescht. Sider denn het me du haut wider öppis meh gha, wo me het müesse dra dänke. Ds Läse het men o no öppis bbruucht u d Resärfebrüue. We ds Nasewelo nämlech hätti Pladi gha, wär men o verchouft gsi, de hätti me d Vögu nid emau meh gseh. Di ganzi Sach het bigoscht nid i eim Göferli Platz gha. U scho gar nid im ene Hemmli ohni Seck. Mi het nume chönne hoffe, der Himu syg i dere Hiesicht besser usstaffiert aus es Hotelzimmer, wo s im beschte Fau e Morgerock u Schlarpe, Bodilouschen u ne Föhn het gha. Dass men im Jensyts hätti chönne twinte, het men o usgschlosse. Es Techeli für e Tesla u si Napf het me ja de o no bbruucht. Auso weniger im Himu weder viu meh ungerwägs. Dernäbe ds Fueter u sis Lieblingsbäueli. Zum Glück het eim d Bäbe di zwo grosse Gofere chönne gä z bruuche. Säuber het me numen en auti Lädertäsche phaute gha, für we me mau i ds Spitau hätt müesse. D Bäbe het gmeint, mi chönni useläse, weli vo dene beidne dass eim besser passi, eini heig em Ruedi ghört, di heig so ender chlei e männleche Tatsch, di angeri syg ihri u ging no vou im Trend. Dass me grad beide würdi packe, hätt si eim äuä nid zuetrout, u säuber het me ja di Mönschen e Bitz wyt benide, wo ihres ganze Läbe hei chönnen in en einzige Rucksack packe u frei vo jedem Balascht sy dür d Wäutgschicht greiset. Mi het se sogar bewunderet u ne Zyt lang, wo me da am Hüslimischten isch gsi, ds Gfüeu gha, mi chömi de irgendeinisch o a dä Punkt, wo me nume no so weni Züüg heig. Bevor nämlech de der Sensemaa am Zug wär gsi, het me wöue derfür luege, dass der Küdermaa di Sach het i d Ornig bbracht. Mi het sis Läbe wöuen ussortiert ha, bevor me de der ändgüetig Abgang gmacht hätti. Mi het niemerem wöue zuemuete, de öppe no usglaatscheti Schlarpen oder abeghundeti Peuzmäntle müesse z entsorge. Wägerum dass men itz di Pouschtergruppen us-

schoubi, di sygi doch no eisaa, het der Zägg einisch bi re Wisi-
te wöue wüsse, u mi het ihm erklärt, di Zyte, wo me sech z
zwöitehöch uf ere Wohnlandschaft rääkli, sygi passee. Für
eim säuber tüeg s der Fotöi, u we me Bsuech heig, de hock
men a Tisch, das ghör sech so i deren Autersgruppe. Mi heig
entschide, nume das Züüg mit i d Hingermatt z näh, wo me
ir letschte Zyt o regumässig bbruucht heig. U ds Kanapee
ghöri da eidüttig nid derzue. Vorzue het men usgschoubet u
druf zeut, dass me ja nümme so der Huuffe bruuchi. Nume
het me nid dra ddänkt, dass men im Auter ender wider e
chlei meh het nötig gha weder di Rucksackmönsche mit
nume grad de Chleider am Liib u vilech no emene verhudlete
Kamasutra näb em Blächbüchsli mit em Tubak u mene
nüechtelige Frotteetüechli. U nes einzigs Paar Hose, zwöi Tii-
schis u ne Puli hei eim de doch grad e chlei weni Garderobe
ddünkt, ganz abgseh dervo, dass me nid Summer u Winter i
de gliiche Schue het wöuen umelaatsche. Das het ja mögen
auternatiif sii wi ne Moore, we me nüt het a de Scheiche gha
weder so abglaatscheti Birkestöck u mit dene bis uf e Himala-
ia uchen isch, im Winter de haut i de Schafwulesocke. Us
däm Auter isch me dusse gsi, schliesslech het me ds Gras o
nümme groukt, sondern i ds Tee ta, für besser chönne z
schlafe. Di Mischig het men aber deheime gla, mi het s nid
wöuen uf ene Gränzerfahrig la useloufe, u mi het nume chön-
ne hoffe, o der Töbu heig si Notfauappiteeg nid i däm Sinn
ufgrüschtet gha, süsch wär me de vilech irgendwo bim Zou
blybe bhange. Scho am Grauhouz het der Chlöisu müesse ga
schiffe, das göngi ihm ging eso, wenn er am Morgen es Gaffee
z viu verwütscht heig, het er gmacht, säuber het s eim ddünkt,
är sygi eifach närfös wi nes Chaub. Der Töbu het gmeint, de
göng er doch hurti mit em Hung uf ds Mätteli hingere, gob
me nid es Bäueli heig für ne, de chönn er ihm das es paar
Mau schiesse, schliesslech mües sech der Tesla de när wider

lang stiu ha hinger inne. Auso isch me das Bäueli ga fürenuusche, weniger wäg em Tesla, sondern meh wäg em Töbu. Irgendwie het s eim fasch e chlei grüert, win er sech um dä Hung het gsorget. Der Zägg isch ga Gaffee u Gipfeli reiche, di chönni me grad so guet im Charen ässe, de chönn me blybe hocke, ussert mi müessi o no an es Örtli. Leider chönn der Mönsch nid uf Vorrat bysle, het me gseit, süsch wär me natürlech o no hurti verschwunde, aber mi het chönne sicher sii, dass der Chlöisu spetischtens uf der Passhööchi scho wider het müesse, u säuber het me ds Gfüeu gha, mi mög s bis uf Aosta ache verhaa. Bis me du äntlech wyter het chönne, isch zmingscht e Haubstung vergange gsi, aber mi heig ja nüt z pressiere, het Chlöisu komentiert, schliesslech syge Ferie. Der Töbu het ds Bäueli i ds Häntschefach gleit, eso syg me de bim nächschte Haut scho grad parat. U we me der Göppu vou Bröösmeli heig, mach das no einisch nüt, d Ändreinigung syg im Priis imbegriffe, u we s scho nid schiffi, de chönn me wenigschtens luege, dass de gliich öppis z putze sygi u müessi gsoge sii. Gob der Tesla o chlei Gipfeli dörf, het er o no gmacht, u wo der Zägg uf das ache nume scharf d Luft iigsoge het, isch ihm das Antwort gnue gsi. Mi het s nid für nötig gfunge, de Giele z erkläre, es gäb nüt Schlimmers weder Hüng, wo eim bim Ässe zueluegi u eim es schlächts Gwüsse machi, wüu si dryluegi, aus hätte si vor dreine Wuche ds letscht Mau öppis übercho. Mi chönn ja scho ohni Hung chuum meh mit guetem Gwüssen ässe bi au dene Hungersnöt u Flüchtlingskatastroofe, de Gift i de Läbesmittu u em wäutwyten Übergwicht. De bruuch me nid no e Hung, wo jedem Biis, wo me sech i ds Muu schiebi, sehnsüchtig nacheluegi. Punkt. Das wär so eim sini Predig gsi, wo men aber druf verzichtet het. Süsch hätti de der Zägg nume wider zum Dozieren aagsetzt u bhouptet, wüu s a ihm nüt heig z erzie ggä sinerzyt, won är schliesslech aus totau usgriifti Pärsönlechkeit uf d Wäut syg cho u nume no heig müesse dri iche wachsen u me säuber nie heig eigeti Goofe gha, heig me sech drum schlusäntlech e Hung zueche ta, für sis pädagogische Gschick unger Bewiis chönne z steue. Mi isch ja settigs gwanet gsi vo ihm u het ihm das nid chrumm gno, mi het aber ke Luscht druf gha, dass sech Chlöisu u Töbu uf eim siner Chöschten amüsiert hätte. Hundeerzieig syg e Kunscht, het itz aber der Töbu la verlutte. Es gäb nüt Gfröiters weder guet erzogni Hüng, da ziei är vor aune der Huet, wo ihres Tier im Griff heige. Bi de Goofe syg s übrigens grad haargenau ds Gliiche, u jeden anger hätt ihm itze gseit, er syg e Schliimer, der Chlöisu het aber nume d Frag i Ruum gsteut, gob öpper öppis gäge Musig heig. U chuum het er der Radio aagsteut, isch Wamosalaplaia glüffe, was aui zum Mitsinge bewoge het, numen em Tesla het das nid so richtig wöue gfaue, aber dä het ja o ke Spanisch chönne. Wo s bim zwöiten u dritte Song im gliiche Stiiu wyterggangen isch, het der Zägg gfragt, was är de da um Gottswiue für ne Sänder verwütscht heigi, gob das ds Wunschkonzärt für di Ghöörlose syg, u der Chlöisu het ggrinset u gseit, är heig es thematisches Retromedli zämegsteut, für dass me sech so chlei chönni uf d Änddeschtinazion iistimme. D Deschtinazion sygi ging am Änd, het der Töbu nid ganz zu Urächt iigwändet, em Chlöisu het das aber der Luun nid chönne verderbe. Mi het no drü, vier Stück la loufe, när het der Chlöisu müessen absteue, süsch überchömm er der Schiisser, het der Zägg gmacht. D Stiui het o eim säuber aagnähmer ddünkt, u mi isch ds Aostatau abgfreeset, ohni gross z schnure. D Landschaft isch a eim verbii u mi het sech im Stiuen uf ds erschen Iigchlemmte, uf enes Panino mit Mortadella gfröit, wo me sech zäme mit emene Goggi us der Büchse ggönnt hätti. Vilech hätt me sech aber o für ne Foggatscha mit grilierte Peperoni u Mozarella entschide, wo si eim äxtra no chlei gwermt hätte. Aus hätt er gschmöckt, was me ddänkt het gha, het der Zägg ungereinisch gmeint, es ligi da so nes liechts Hüngerli i der Luft. Gob me nid o ds Gfüeu heig, es wäri so langsam Zyt, irgendwo zuche z ha. U de isch d Diskusion losggange, gob men itz lieber ab der Outobahn wöug ga ne Peiz suechen oder gob me de z Genua unger so richtig zueschlöi u itz numen im enen Outogrill stiu heig. Itz het di grossi Ufzeuerei aagfange, was me de unger kenen Umständ kulinarisch wöug verpasse. Für einisch isch es weder um e Bluetzucker no um e Choleschteriinspiegu ggange, niemer het vo Glutenunverträglechkeite u Laktosenintoleranze gredt, aues, was Nouachtfüfzäh oder Sächzäachtdiät wär gsi, isch nid erwähnt worde, u o Fettsüürine u Minerausauz si nid uf e Tisch cho. Es het scho guet ta, einisch mit junge Gielen einen uf Gurmee z mache, weder ging nume mit aute Lüt u em Dokter Lädermaa über ds Ässe z rede, wo isch verbotte gsi. Schliesslech het men ab auem kulinarische Fantasiere nümme lenger möge warte u het bi der nächschte Raschtsteu use gha. Der Tesla isch zmingscht so gstabig zum Charen uus wi me säuber, dä het aber nume hurti dörfe ga nes Bisirundeli trääie, när het er wider zrugg i ds Outo müesse. Mi het langsam afa begriiffe, us welem Grund di meischte Lüt nume no so Taschehüng hei wöue. Di het men überau häre dörfe mitnäh, o we dussen isch aagschribe gsi, Vierbeiner heige ke Zuetritt. We die hübsch verpackt u mit Schleifeli wi nes Aggsessuar si unger em Arm treit worde, de hei die zum Autfit zeut. Für settigs isch der Tesla z gross gsi, u ussertdäm het er s nid chönne ha, we me ne glüpft het. Das het er numen em Dokter Möili erloubt u o nume, wüu er gwüsst het, dass ihm süsch e Muuchorb verpasst würdi. Uf jede Fau het är itze müesse warte, bis me sech d Büüch het gfüut gha mit Wiissbrot, Wurschtwaaren u Zuckerzüüg. Z Italie si eim d Kaloriie nie Grund gsi, speziifisch z ässe, u i de Ferien isch sowiso aues erloubt gsi. Aues, ussert der Hung vom Tisch z fuetere.

Outopilot

Schier ändlos isch si eim vorcho, di Nacht i däm viu z weiche Bett, gobschon s de gliich um di eine worden isch, bis men äntlech ungere isch. Kene vo dene dreine het sech ggachtet, dür weles Gässli dass men am Hotel zue sött, eine isch eifach i irgend e Richtig gstoglet, di angere hingerdrii, u plötzlech isch men irgendwo im Gaggo gstange, wo wyt u breit nüt meh wäri gsi, wo me sech dranne hätti chönnen orientiere. Der Zägg het du efange ds Händi füregno u afa nawigiere, u so isch me de nach ere Haubstung äntlech dert gsi, wo me i füf Minute wär gsi, we me der richtig Wäg hätti gno. D Füess hei eim wehta u d Bei si fange dick ufglüffe gsi, u so het me du uchen i ds Zimmer wöue, wärend di drei no hei wöue ga ne Schlumi zwicken i d Hotelbar. No we me hätti wöue, mi hätt nümm mitchönne, für se nid us den Ouge z la, vor auem di beide Schlawyner, u o der Tesla het em Lift zue zoge. Es syg e länge Tag gsi, het me gseit, nid ohni sech bedankt z ha für di scharmanti Begleitig. Itze mües men aber i ds Bett. Müed isch me du aber irgendwie gliich nid gsi, trotz dere länge Fahrt u auem Ungwanete vom ene nöien Ort, wo me nie so lutt u stinkig erwartet hätt. Ds Hotel het zwar en Usblick uf en aut Hafe gha, zwüsche däm u em Baukon hei sech aber vier Spuren Outobahn verbyzoge, u ds Ruusche vo de Göpple het das vom Meer bi wytem übertönt. Drum het me ds Fänschter schnäu wider zueta, das isch zimlech schaudicht gsi, derfür het itze d Klimaaalag gsürelet, u we me die het abgsteut, de isch d Luft innert Chürzi stickig worde. Am Morge het s eim ddünkt, es syg nie ke Haubstung gsi, wo men am Stück heigi chönne schlafe, u mi hätt migottstüüri viu ggä für nes Bütteli Chloschtertee, aber genau dä het me nid iipackt gha, wüu me gfunge het, mi göngi ja nid i d Ferie, für z schlafe, u mi sygi de vermuetlech vo der ganzen Ufregig sowiso müed gnue. Ds Gägeteeu isch aber der Fau gsi. Ufgchlepft isch me gsi wi nes jungs Tüpfi vor em erschte Randewuu, u mi isch sech vorcho wi ne Korkzapfe, wo a der Wasseroberflechi uf de Wäue triben isch u nid het chönnen abtouche i d Töifi vom ene erhousame Zuestang. Das isch eim nüt Nöis gsi, wüu me scho Tuusegi settig Stunge hinger sech het gha, wo me ging u ging wider ab emene Gedanken i Wachzuestang ploppet isch u het Härzchlopfe het gha wi ne Moore. Mi het s uf em Rüggen u uf jeder Syte probiert, mit Entspannigsüebige u Schääffli zeue, es het aues nüt abtreit. Mi isch vo der Strömig tribe worde, ohni dass men öppis hätti chönne stüüre. Vermuetlech het me s doch e chlei übertribe gha bi der Dosierig vom Fisch. Wüu me sech nid het chönnen entscheide zwüsche der Seezungen u de Gamberetti, het me du haut beides bsteut, genau i dere Reiefoug, u das wär ja vilech no ggange, we me nid zur Vorspiis no drei Ouschtere hätti gha näb em Garne gruda u de Troffie mit Pesto tschenowese, wo natürlech am Härkunftsort hei wöue probiert sii. Der Vorschlag, mi chönn doch chlei vo auem bsteue u när vo nang probiere, isch gar nid guet aacho. Der Chlöisu het gmacht, är wüssi genau, wi das göng mit däm Fuudscheering. Är, wo wüssi, was guet syg, bsteui sech öppis, u di angere, wo sech uschlüssig syg gsi, frässi s ihm när wäg, wüu si merki, dass är ds Beschte bsteut heig. Das het irgendwie iiglüüchtet, u o we me chliini Porzione bsteut het gha, ggässe isch gliich z viu worde. Mi het ne düttlech ghört, der Dokter Lädermaa, bezieigswiis si Zeigfinger gseh, won er eim vor d Nase het gha, wi zum säge, das heig men itze haut dervo, är chönn ja nid meh weder ging nume säge. We me nid losi, so mües me s haut am eigete Liib erfahre. Immerhin isch es eim nid übu gsi, trotz em Wii un em Grappa, wo men o nid grad bbrämset het bim Ichelaa. Mi het ja normalerwiis chuum meh öppis trunke, nid umbedingt wäg der Gsundheit, sondern ender, wüu me niemer meh het gha, wo me hätti chönne Gsundheit mache. D Kää het gar nüt meh trunke, si het eifach nid chönne sii ohni Prinzipie, u si het gseit, Läbesfröid fingi me nid i Höchprozäntigem, o we me no so töif i ds Glas luegi. Mit der Bäbe het me no ab u zue eis ggüügelet, aber deren ihrer Bsüech sy o ging früecher am Namittag usgfaue, u vor de füfe, so het me das vor Jahre mit sech abgmacht gha, het me ke Fläsche wöuen uftue, ussert es sygi de Minerauwasser gsi, gobschon d Bäbe ging wider insischtiert het, irgendwo uf der Wäut syg s uf jede Fäu scho füfi. Aber ussert däm, wo eim da itze znacht dür e Magen u dür d Gedärme het müesse, isch eim dises u äis dür e Chopf, wo o het wöue verdouet sii. Fange mau het me der Gring vou Iidrück gha, wo wi ne Fium abglüffe sy, chuum dass me d Ouge zueta het. Vilech isch es ja gliich es Bitzeli eso gsi, dass d Seeu bim Reise füraa denn, we me z schnäu gfahren isch, u der Chlöisu het am Schluss rächt uf d Tube ddrückt, für dass me no bi Tag chönni e Stadtbummu mache, win er gseit het, nid het nachemögen u uf der Strecki bbliben isch. Di hätti eim itze söue chönne häufe bi der Verarbeitig vo däm erschte Reisetag, aber di isch vermuetlech no uf der Outobahn zwüschen Ifreea u Tortona blybe bhangen u uf em Pannestreife nidsizue ghumplet. Vilech hei auti Seele für aues ja o chlei meh Zyt bbruucht weder jungi. Mi het sech vorgno, d Giele de bim Zmorge z frage, gob sie guet sygen aacho, mit au ihrne Komponänte. Uf jede Fau sy di zwe Paiasse, chuum dass men usgstigen isch, ufddrääit gsi wi chliini Goofe, un es hätti nid viu bbruucht, u der Chlöisu hätti sech scho ne Stung speter es paar Turnschue für drüezwänzg Öiro gchouft, wo usgseh hei wi Näiki, wo süsch über zwöihundert Hämmer choschti, win er gwüsst het, bis me ne bbrämset het u gseit, wenn er itze scho aaföi mit Schoppe, de mües men ungerwägs de für ne gröseri Bütti luege. Auso het er s la sii, nid ohni no paar Minute z töipele. Der Zägg hingägen isch ender so chlei i nachdänklecher Stimmig gsi. Nöierdings het er es Notizbüechli bi sech gha, won er ab u zue öppis drygchritzlet het. Der Töbu het gmeint, das syg vou kuul, so retro, i re Zyt, wo aui nume no digitali Woissnouts machi. Wenn är nid Legaschteniker wär, het er o no gmacht, är würdi o grad sofort aafa mit Ufschrybe. Wüu wenn ihn öppis no gluschti, bevor er stärbi, de sygs siner Memuaare, won er wetti verzeue. Das het eim itze scho chlei verwungeret, nid d Tatsach, dass är es Fleer für ds Schrybe het a Tag gleit, u o nid, dass einen i däm Auter scho a sire Outobiografii umegmacht het. Mi het gfunge, im Läbe göngi s nid drum, wi lang dass me gläbt heigi, es chömi einzig druf aa, was me mit sine Jahr aagfange heig. Da sygi scho Lüt hunderti worde, ohni dass si gross öppis hätte z verzeue gha, het o der Bützu einisch gmeint, won er vo däm Familieschluuch isch heicho, dere längwylige Hundsverlochete, win er däm denn gseit het, wüu er der ganz Namittag näb em Tante Greti heig müesse hocke, wo hert ghört heig u drum nume säuber gredt heig, aber äbe nüt aus Chabis. Erstuunt het eim i Töbus Zämehang, dass dä bereits sis Ändi het vor Ouge gha. Mi het emu du nüt gseit vo wäge, das duuri de öppe no nes Momäntli, wüu mi het nie chönne wüsse, wenn dass es wän verwütscht. Da syge scho wytuus Jüngeri gstorbe, hätt er eim de vermuetlech zur Antwort ggä, u da dermit hätt er sogar rächt gha. O der Chlöisu het ke dicke Haus gmacht vo wäge, da möchti är de no gärn wüsse, was es da so gross z verzeue gäb bi so mene chliine Läbe, u mi het ddänkt, vermuetlech kenni der Chlöisu der Töbu lang gnue, für z wüsse, wi bewegt däm si Gschicht öppe so gsi syg. Vilech het dä Gieu scho meh erläbt, weder dass me hätti möge gloube, u mi het sech vorgno, mi wöugi de no chlei nachebore bi dene zwene, für chli meh über ihrer Hingergründ z erfahre. Meischtens isch me ja vorschnäu gsi bim Beurteile vo angerne, füraa denn, we me se i ne Schublade het versorget, no bevor me se gnöier hätti aagluegt. E zwöite Blick mög s uf jede Fau lyde, u we me di nächschte Täg söfu Zyt mitnang verbringi, de schadi s öppe nüt, we me nang chlei uf e Zang füeli, für enang besser lehre z kenne. Das het me sech vorgno, wo me sech im Bett vor einten uf di angeri Syte gwäuzt het, u dernäbe het me sech probiere z bsinne, wi das dennzmau ggangen isch, wo d Schwoscht isch derhär cho dermit, ds Tabi sygi schwanger. Mi isch nümme sicher gsi, gob itze das denn nach ihrem Ustuuschjahr isch gsi oder ersch, wo ds Tabi het aagfange gha, eleini i d Ferie z gah. Eleini oder mit ere Tschuppele Fründinne, so wi me das früecher säuber o praktiziert het, für chli Fann z ha wyt ewägg vo deheim. Mi het afa nacherächne u het am Zägg sis Auter vo däm vom Tabi abzogen u het nächär probiert ds Jahr uszrächne, wo das hätti chönne gsi sii, für z merke, dass me s ringer ahang vom eigeten Auter würdi usefinge, u ab auem Rächnen isch me bim ene Haar iigschlafe, bevor dussen uf der Outobahn wider eine vou uf ds Horni isch u nen angeren uf d Bräms u eim dür e Chopf isch, dass me vilech gschyder, aus hie u itz nid chönne z penne, denn vor Jahre di einti Reis gmacht hätti, wo me sech a sim Sibezigschte het vorgno gha, wo me zur Kää gmacht het, mi wöug de di änglische Gärte scho no einisch gseh ha u das Kornwol, wo i dene Fiume, wo niemer luegi u gliich aui gseh heig, vorchömm. Settig Ferie wäre sicher hundert Mau entspannter gsi weder so ne Fahrt uf das Spanien ache, a nes Ort, wo me sech im Troum nie hätti usegläse, hätt me sech nid la überschnure. Fasch hätt me sech i ne schlächte Luun iche gsteigeret, we nid der Tesla näb em Bett im Schlaf hätt afa weissele, wüu er äuä no einisch di Szenen erläbt het, won ihm di Ratte knapp vor der Schnure düren i nes Sänkloch ache verschwunden isch. Es het eim grad e chlei afa tschudere, u de isch me zur Erchenntnis cho, dass di Stadt sogar em Tesla öppis het z biete gha. Mi söui nid ging numen a sich dänke, het me sech säuber ar Nase gno, u so schlimm syg itze dä Tag de o wider nid gsi. Nume wüu me säuber nümme so im Schuss syg, mües sech d Wäut wäge däm nid langsamer trääie. Es het eim ja niemer zwunge, jede Programmpunkt, wo d Giele usgheckt hei gha, mitzmache. Nach em Akwarium u der Haferundfahrt heig me s de morn äuä öppe gseh, het me ddänkt, di angere chönn de nächär säuber wyters, de müessi die de ke Rücksicht meh näh uf eim u chönn no chlei Gutzi gä, we s ne drum syg. Ganz abgseh dervo gäb s rein gar nüt, wo me müessi. Weder plane no d Zyt oder der Wäg im Griff ha oder öppe no fahre, mi chönni locker eifach uf Outopilot schauten u dere Sach ihre Louf la. We me nümme mögi, de chönni me stiu ha u s la guet sii. Dä Gedanke het eim so zimlech la obenabe fahre so wi o d Tatsach, dass me ke Zyt het abgmacht gha, wenn dass men uuf wöugi u Zmorgen ässen irgendwo uf emene sunnige Plätzli i der Autstadt, irgendwo, wo s nid grad z hert nach Fisch gschmöckt hätt. Das hätt sech mit em Gapputschino irgendwie de nid so guet vertreit, für settigs syge Binnelandslüt weniger gmacht, het der Töbu sech zu däm Thema güsseret. U so isch me du gliich de irgendeinisch gäge Morgen iigschlafe, mit emene gremige Miuchschuum vor Ouge, u vermuetlech hätt me ds Akwarium u d Haferundfahrt verpasst, wäre si eim am zäni nid cho usechlopfe. Mi het ke Wecker gsteut gha, so wi me scho sider Jahre nie ke Wecker meh gsteut het, es syg de gsi, mi hätti e Darmspiegelig oder süsch öppis i dere Währig uf em Morgeprogramm gha, wo men unger kenen Umstäng hätti dörfe verpasse. Ds inneren Ührli isch täimet gsi uf di sächse, das isch o denn nid angers worde, wo me het ufghört schaffe. Mi het zwar gmeint gha, das änderi de irgendeinisch, aber es het ja nüt ggä, wo im Auter wäri besser worde, wi hätti de das bim Schlafe söuen angers sii. Si heig sech itze scho fasch e chlei Sorge gmacht, het

sech der Chlöisu entschoudiget, der Zägg heig gseit, normaler-
wiis syg me ging scho vor de sibne putzt u gsträäut. Es syg
haut nid normalerwiis, het men unfrisiert u undduschet zur
Antwort ggä, si söui numen efange voruus, mi chömm de
nache, we si eim der Standort schicki. Mi isch ja fange gwag-
let gsi mit däm Telefon, wo me für aues besser het chönne
bruuche weder zum Telefoniere. Da chömm me nid drum-
um, das z lehre, het o d Bäbe ging wider betont, hüttigstags,
wo sogar ds Füdleputze kompiutergstüüret sygi, mües me
technisch aschuur si. Der Tesla het me de Giele de o no grad
mitggä, dä het vo digitalem Schiffe no nie nüt ghört gha u
hätti scho lang müesse ga bysle, dä isch sech das nid gwanet
gsi, so lang uf eim müesse z warte, u däm het me no lang
chönne verzeue, es syg haut nid normalerwiis, är hätti s nid
kapiert. Mit so drüne, wo zu eim luegi, syge di Ferie vilech
gliich de no so öppis Entspannends, het me ddänkt, wo men
unger di Rägewaudtusche gstangen isch u sech gfragt het, gob
men äch de lieber es Gipfeli mit Pistasch oder Schoggifüuig
wöug Zmorge näh. U hätt me nid vo der länge Fahrt ging no
chli ufglüffni Scheiche gha, mi wär bigoscht i Versuechig cho,
de gliich am Änd no z jufle.

Ööuwächsu

Bis i ds hingerschte Detai het der Zägg wöue wüsse, wi me das Hotel het gfunge gha, u eim het das ender zwöitrangig ddünkt. Lieber hätt me di Stadt beurteeut, wo der Scharm het gha von eren aute Diwa, wo müglecherwiis einisch schön isch gsi, itzen aber so zimlech abtaaklet, für nid z sägen abeghundet isch derhär cho. Aber immerhin isch öppis hinger dene aagjahrete Fassade gsi, wo men ersch bim neechere Häreluegen isch derhinger cho. Nid abwysend isch eim di Hafestadt vorcho, aber o nid grad bsungerbar zuegänglech, o we si aues ggä het, für de Turis ds Gäut abzchnöpfe. Aus i auem zimlech verlotteret u gliich fasziniered. Wär me jünger gsi, hätt me sech vermuetlech tagelang i dene schmale Gässli mit de Lädeli u Spünte chönne vertöörle. Mi het das aber de Gielen überlaa u het di bsungerbari Atmosfääre unger emene Sunneschirm i re Bar uf sech la würke. Ds Zmorgebüffee heig ihm scho chlei gfäaut, het der Töbu si Sämf derzue ggä, u der Chlöisu, wo siner Turnschue gliich no het müesse düregstieret ha, het gseit, das mit dene Büffee syg atüpisch, das syg numen en Erfindig für d Turis. In Ächt nähm der Italo es Gaffee im Stah. Da wärdi emu sicher nid bbröntschet am Morge. U mi wöug sech i de Ferie doch lieber am Vouk u sine Brüüch aaschliesse, das wär ja süsch grad, aus würdi men im Restorang Röschti bsteue. Nume dass viu vo däm Vouk, won är da i ds Fäud füeri, asiatischer Härkunft sygi, win ihm vilech o ufgfaue syg, het der Töbu entgäge gha. Siner Schue syg emu nid vom ne norditaliänische Schuemacher. Uf achtzäh Öilo heig er die abeghändelet, het der Chlöisu plagiert. U wüu er se grad aagleit u di auten entsorget heig, syg s kes Problem bim Packe. Der Zägg het du nume gmacht, der Chinees, wo zu auem zuchen itz chönn es Päärli Wintitschpumas verchoufe, heig uf

jede Fau es Bombegschäft gmacht. När isch es stiu gsi. Nid
wüu aues gseit wär gsi, sondern wüu der Lärme vo der Stadt
eim het afa gnüegele u me froh isch gsi, dass me däm het
chönne dervofahre. Der Chlöisu het emu nüt gseit vo wäge
Musigmache, u mi het nüt angers ghört aus der Motor, wo
eim fasch chlei iigschlääferet het. Mi isch dür d Föteli uf em
Händi gskrollet u het sech gfragt, gob men ar Kää nid paari
wöugi schicke, aber mi het du gfunge, en Aasichtscharten us
jeder Stadt tüegi s, u settegi Poscht syg viu spezieuer, di heigi
sogar scho fasch so chlei Säuteheitswärt. O a d Bäbe het me
da derbii natürlech ddänkt, u d Frou Chupferschmied het e
Charte mit emene Fisch übercho, wo i der Uslaag vom
Verchöifer uf em Iisch glägen isch u bsungerbar grimmig het
drygluegt. Mi het sech uf di italiänischi Poscht verlaa u
ddänkt, bis di Charten aachömm, syg me de lengschtens wi-
der deheime. Sogar em Pfischter het me gschribe. Ihm, wo so
lang, bis er nümm het chönnen ufstyge, aus Iisiräider uf sim
Puch Maxi ds Dorf ab ghönteret isch, u das ging ohni Heum,
het me di Charte mit em aute Müeti uf däm Wäschpi eifach
müesse schicke. Är het ja ging bhouptet, mi sygi sini Troum-
frou. Itz isch es Zyt gsi, dass men ihm e nöii het vor Ouge
gfüert, o we me s däm aute Scharmöör nid het chrumm gno,
dass er no mit achtenünzgi vou der Schigolo het useghänkt.
Hätt er nid so sträng gschmöckt, hätt me sogar mit ihm es
Wäuzerli uf ds Pargett gleit denn am Autersnamittag, wo me
zwar nume hären isch, wüu men es Keek het wöue ga ablifere,
u du när gliich isch blybe bhange, wüu si super Oldis hei uf-
gleit, wo me scho lang nümm ghört het gha. Si hei sech Müe
ggä i der Sidlig, dass ging chlei öppis glüffen isch, u we sech e
Pfischter oder d Frou Dings, auso d Frou Amacher, no ei-
nisch gfüeut hei wi sibezgi, de isch s der Ufwand auimau der-
wärt gsi. Es het emu niemer e Gring gschrisse, u wär nid säu-
ber het chönne cho, sy si ga reiche, u de het s vor em Zvieri

sogar e Polonees ggä, wo zwar mit au dene Rouschtüeu u Rolatore chlei zum ene Getto usgartet isch, was aber irgendwie d Stimmig no grad meh het mögen ufheize. D Houptsach syg, dass me no über sech chönni lache, het me ddänkt, bevor me du säuber wider überen isch, wüu me ke Schwarzwäuder het mögen ässe wäg em Zucker, ganz abgseh dervo, dass eim ds Tee uf ds Hüsli tribe het. U itze hätti me o scho glii wider müesse, wüu me immerhin scho drei Stung isch ungerwägs gsi. Mi göng doch lieber bezyte, de chönn me s gmüetlech aagah, het Chlöisu vorgschlage, en Ussaag, wo sech säuber widersproche het, wi s eim het wöue dünke. Es isch du aber schuderhaft schön gsi, i dä lüüchtig pinkorangschig Himu iche z fahre, bis der Töbu du gmacht het, das syg de öppe kes guets Zeiche. Schlächtwätter sygi emu nid gmäudet, het men umeggä, u uf das ache het es vo sire Syte här e chlynere Diskurs ggä, das syge d Ärosol, wo sech ds Sunneliecht drin brächi, nüt aus en Indikator für e miserabu Zuestang vo der Atmosfääre. Das het du d Atmosfäären im Charen innen o grad chlei möge trüebe, vor auem wüu der Zägg ne zämegstuucht het, was er eim itz scho wider di ganzi Romantik mües vermasle. U bim ene Haar hätti der eint em angere der Klimalügner aaghänkt, aber der Tesla isch derzwüschen u het afa bäue. Dä het s nid chönne ha, we zangget isch worde. Ganz abgseh dervo, dass er im Töbu e nöie Fründ gfunge het, won er itz het wöuen i Schutz näh. Disen isch nämlech am Morge mit ihm use, u überau, wo s ggangen isch, het er mit ihm bbäuelet, so dass me sech nid het müesse sorge, dä arm Hung überchömi uf dere Reis öppe z weni Bewegig. Emu het s wider gruiget im Chare, bis du der Zägg mit dere Hotelbewärterei isch hingerfüre cho. Aber o das het sech schnäu erlediget, wüu niemer nüt het z kritisiere gha. Auso het der Zägg di Sach i ds Täblet töggelet, u guet isch gsi. Säuber het me gmerkt, dass me gar nid so mängi Foto gmacht het gha. Vilech isch das dermit zämeghanget, dass men ersch voletscht di Chischte mit den aute Fotonen erläsen u derbii gmerkt het, dass die nume grad für eim säuber hei e Wärt gha. Füf Schachtle hei sech im Verlouf vo de Jahrzähnt gfüut gha, u bim Düreluegen isch men i auti Zyte zrugg greiset u het vo der eigete Toufi bis zur Klassezämekumft im Terzianum z Hingerchappele no einisch d Häiläits la Röwü passiere. Vo de weniger schöne Momänte het me ja kener Biuder gha, oder emu nid uf Fotopapiir, u gliich isch men über au däm Sortiere fasch e chlei schwärmüetig worde, so dass me sech gfragt het, wägerum dass eim schöni Erinnerigen o chönne truurig mache. So nes guets Läbe heig öppe nid mänge gha, het me nämlech gfunge. Da gäb s doch nid viu z gränne. Einisch meh isch eim aber ufggange, dass sech weder d Zyt het la zruggträäie no dass me ds Glück het chönne bhaute. Mi het im Momänt müesse läbe, bevor dä isch verby gsi. Un es sy eim d Tränen abeglüffe, wo me der Schnäbi mit em Zägg aus chliine Bueb het zämen i Voumontur u Fäderschmuck samt Tomahack u Pfyleboge gseh um nes Lagerfüür im Garte tanze. Sie zwee syge di erschten Uriiwoner vo Nordamerika, wo Serwela ässi, het de der sibegschiid Achtjährig am gliiche Füür düreggä gha. Es isch eim vorcho, aus wär s geschter gsi, u o we jede nöi Tag e schönen isch gsi, het men i däm Momänt dene Zyte scho chlei nachetruuret. Vilech sötti me kener Fotonen ufbhaute, isch eim dür e Chopf, das würdi eim vor settigen Abstächer i d Vergangeheit bewahre. Wüu me das aber nid jede Tag zelebriert het u für gwöhnlech e rächt gägewärtige Mönsch isch gsi, het me du gliich aui Biuder, wo di Liebschte druf si gsi, uf d Syte ta. D Landschaften u d Sunnenungergäng, d Chatzebiuder u d Feriedeschtinazione het men usgschoubet. Das het fei viu ggä für i ds Autpapiir. Di einti Chischte, wo isch übrig bblibe, het me wider versorget. Nid ohni e Zedu dryzlege, das syg Materiau zum Entsorge. E Wärt hei di Biuder ja nume für eim säuber gha, u vilech hätt me se de i zäh Jahr no einisch wöue fürenäh, oder emu de denn, we me nümm viu Zuekunft hätti gha u eim d Gägewart nüt meh gseit hätti, wüu me se vorzue vergässe hätt. De wär eim e Reis i d Vergangeheit, wo me ging u ging wider hätti chönne ungernäh, warschiinlech no Läbesinhaut gnue gsi. Itzen aber isch s no fürschi ggange, o we me grad im ene Riesetrübu vo Chäre gstangen isch, wo sech chrütz u quer de Kassehüsli zue bewegt hei, nid ohni Huuperei u Stinkfinger. Es isch ja füraa eso gsi, dass die, wo hei wöue bar zale, u die mit den Abi uf der lätze Syten iigspuuret sy, u de di einte gäge rächts u di angere linggs hätt müesse u me nang isch im Wäg gstange. Di heigen öppe no nie öppis vo Riissverschluss ghört, het der Töbu gläschteret. Das dahie sygi ender e Klettverschluss, het der Chlöisu biigstüüret. Da heig me s mit der Winiette scho viu gäbiger, di Zalerei dahie syg scho ne müesami Aaglägeheit. U bi denen Abgas i däm Stou chömi me de Klimaziiu o nid würklech neecher. Das wär aues haub so schlimm u vilech sogar rächt amüsant gsi mit dere Warterei zmitts i däm Gstungg inne, het s eim ddünkt, we s nid langsam so chlei prekär wär worde mit der Weezeefrag. Mi het ja niemeren wöue stresse deschtwäge, aber je weniger me het chönne, deschto meh het me müesse. Das isch e sicheren Erfahrigswärt gsi, mi het ging denn am dringendschte müesse, we wyt u breit ke Opzion isch vorhande gsi. Das sygi nüt aus psüchisch, het d Kää zu däm Thema gwüsst gha, si heig lang gnue unger däm glitte. Sider dass sie itzen aber ihri Blasen i Form vom ene Plastiggseckli bi sech heig, syg das bi ihre nümm akut. Säuber isch me drum je lenger, je weniger vo Huus oder emu nid a Orte häre, wo me nid gnau het gwüsst, gob me de o nes Örtli würdi finge. Der Zägg het numen einisch gseit gha, schliesslech heig men o denn am meischte Gluscht uf ds Ässe, we men e Diät machi, gobschon me gar ke Hunger heig. U Schii fahre wöugi me o ging numen im Summer, het me nachetopplet, u der Zägg het gmacht, d Mehrzaau vo Schii syg nöierdings ja Schyschy, we nämlech d Farb vom Heum nid mit dere vo de Schiischueschnaue koreschpondieri, syg me hüttigstags sowiso nümm bi de Lüt. U de het me zäme glachet, u itz wär s eim um ds Päägge gsi. Mi het scho gwüsst, wägerum me nümm i grossi Museen isch oder i drüschtündegi Fiume, vo Oupeneers gar nid z rede. Scho der Zirkus isch fei e Sach gsi i Sache bysle, u o jedi Zugfahrt isch emenen Aabetüür gliichcho, wüu dert d Schiissine entweder mooregruusig oder usser Betrieb sy gsi. Ussertdäm hätt me müessen Oberschänkle ha wi ne Schiirennfahrere, we men i de Kurfe het müessen i der Hocki blybe, so lang, bis äntlech aues usetröpfelet isch. So gseh hätt s de ungerwägs mängisch fasch i d Hose chönne gah, un es isch so wyt cho, dass men einisch zum Dokter Lädermaa gmacht het gha, mi würd o gschyder nüt meh trinke, de müessi me o nümme aupott uf ds Weezee. Dise het de numen abgwunken u gfunge, mi wöug s ja vilech lieber nid uf ene Dehüdrierig la useloufen u het einisch meh betont, mi hätti o gschyder chlei hüüffiger der Beckebode treniert. Aber mi het haut ds Läbe lang Wichtigers z tüe gha weder settig Üebige, u itze, wo s nüt Wichtigers hätti ggä aus so ne trenierte Beckebode, isch es z spät gsi. Zmingscht hei eim d Iilaage no so chlei öppis wi Sicherheit vermittlet. Mi het nume ging chli Angscht gha, es föi de vilech irgendeinisch afa miife. So wyt het me s itz o i däm Charen inne nid wöue la cho, o we aui Fänschter dunger sy gsi, für dass o der Tesla chli chönn der Gring useha. Mi isch naach dranne gsi, öppis z säge, bis du der Töbu het la verlutte, er bruuchi en Ööuwächsu, er göng itz mau mit em Hung ga schiffe, das chönn ja no lang gah dahie, u dert änen a däm Kiosk gäb s sicher es Bier, gob süsch no öpper öppis wöugi. Mi chömm grad mit, het me sech aaghänkt, mi heig da o nes Gschäft z erledige, süsch verlüür me de o öppe chli

Ööu, u bi der Bewärtig vo dere Reiseetappe gäb s de vermuetlech wäge dere Warterei es paar Pünktli Abzug, o we ds Ookaa da nid grad viu derfür chönni. Es nächschts Mau müess de vilech e chlei besser gluegt sii, dass me vo auem Aafang aa richtig iispuri. Aber säuber heig me s ohni Brüue nid möge gseh, uf weler Syte d Schauter für ds Barzalen aagschribe sygi gsi. Abgseh dervo, dass me gar nid ufpasst heig. Vo däm här syg men äuä säuber o nid grad d Biifahrere vom Tag. Da gäb s no Steigerigspotenziau. Der Töbu het der Hung a d Leine gno u isch usgstige. Däm, auso am Töbu, isch nid nume d Warterei, sondern am Schiin aa mängisch o das ganze Gliir dahie chlei uf e Sack. Irgendwo düre het eim das sümpatisch ddünkt, u we me nid so hert hätti müesse verchlemme, hätt men ihm hingernache möge, u mi hätti sech zäme dür das Gstungg chönne wurgge, sogar ohni dass me mitnang gredt hätt.

Blinkschwechi

Vilech hätti me hie gschyder use söue, het der Töbu gmacht, chuum isch men ar Usfahrt verby gsi, u der Zägg het gedankeverlore vor sech häre bbrümelet, der Wetti u der Hätti syge Brüetsche gsi. Aber beid im Grund gno zfridni Sieche, het sech der Chlöisu iigmischt, wüu di heige jedi Opzion offe gha, u so nes Läbe mit aune Müglechkeite syg eigetlech ds Beschte, wo eim chönni passiere. Eigetlech syg aus Begriff ender o z vermyde, het der Zägg sech widerume z Wort gmäudet, gobschon er einisch meh vom Täblet u sim Notizbüechli isch absorbiert gsi, so dass es eim isch vorcho, är heig uf der Reis meh z schaffe weder im Büro. Wobii dass der Zägg ja ging deklariert het, är schiissi uf di ganzi Wörkläifbälens, we me nämlech das, wo me machi, gärn machi, de syg das nid Schaffe, sondern Läbe. Eigetlech, het er itz wytergfahre, syg vermuetlech ds blödschte Wort, wo je einisch öpper erfunge heig. Nach emene Eigetlech chönn me numen aues fautsch mache. Fautsch syg s nid, dass men itze ging no uf der Outobahn syg, isch itz der Töbu wider uf ds eigetleche Thema zrugggschwänkt. Aber we men öppe no chlei a Strand wöug, bevor me so richtig im Puff syg, de sötti me de spetischtens di nächschti näh. Ja, der Sötti syg o eine vo der ender tschillige Sorte, het itze der Chlöisu vo sech ggä. Dä heig s nämlech vou tschegget, dass me gwüssi Pünkt ganz eifach vo der Tuduulischte chönni überen uf e Wassöuskataloog verschiebe. U scho heig der Autag e ganz e nöii Kwalität. Ds Läben im Konjunktiif dünki ihn so chlei planlos, het der Zägg sech güsseret, u mi het gmerkt, dass er viu meh bir Sach isch gsi, aus dass me hätti chönne vermuete. Däm säg me hüttigstags ziiuoffe, het der Chlöisu gwüsst. Es syg äben aues e Form vo der Formulierig. Oder vo der Hautig, het itz der Töbu o no afa filosofiere, u säuber het me gwüsst, dass der Momänt cho isch, sech säuber a däm Diskurs z beteilige, wüus eim ddünkt het, dä überchömi e Dimänsion, wo so chlei hert i ds Theoretischen abdrifti. Mi het ja scho lenger es paar ganz praktischi Fragen a di zwe Tüpe gha, wüu me ging no nid gwüsst het, was die zwee mit dere Reis eigetlech genau bezwäckt hei. Itze syg der richtig Zytpunkt cho, für sen uf das aazsprächе, het me gfunge u sech drum es Härz gfasset u di Frag i Ruum gsteut. E chliine Momänt isch es stiu gsi u kene het wöue der Aafang mache. Vilech hei si aber au drei o zersch emau müesse studiere, itze, wo s nid numen eifach um ds Praschaueren isch ggange. Bi de konkretere Sache syge si ender um Wort verläge, het me ddänkt u gwüsst, dass si uf das ache nume würde bhoupte, i praktischer Hiesicht bruuchi s Taten u kener Wort. Si heige da äben es Krautfaunding am Start, het itz der Chlöisu fürebbröösmet, u der Zägg sygi sozsäge der Tätschmeischter. Mi gsei s ja, wi dä sech i ds Züüg legi mit syne Bisnessplän, won er da di ganzi Zyt entwärfi. Är syg zwar ersch efange bi de Gschäftsmodäu, het disen itzen abgwunke, aber das syg ja Hans was Heiri. Das het eim o ddünkt, wüu me vo au däm nöimoderne Wirtschaftsguguus nid auzu viu verstange het. Ganz abgseh dervo het s eim langsam chlei afa närfe, win er sini digitali Vatersuechi het uf d Spitze tribe. Das hätt er schliesslech o vo deheimen uus chönne. Sie zwee heigen e stiui Teeuhaberschaft, het itz der Chlöisu wyter usghout, was natürlech nid heissi, dass das nüt z tüe gäb. U für im Biud z sii, müessi sie drum überau inwolwiert sii, u am beschte göngi das natürlech vor Ort. Mi het grad wöue nachehaaggen u frage, was si de da usgrächnet im Ussland im Sinn heig, da het der Zägg scho bbrämset u gmacht, mi wöug itz da nid auzu viu verrate, mi syg no lang nid i de Startlöcher, sondern ersch i der Entwickligsfaasen u bi der Ideeefindig, u für da öppis verständlech chönne z vermittle, bruuchti men es

Pauerpoint oder zmingscht e Fliptschart. Dä het da plötzlech es gschäftsmässigs Tööndli entwicklet, dass me ne chuum meh kennt het, u itz het me gwüsst, vo was er gredt het, wenn er aube gmacht het, ihm syg s wichtig, Bisness u Prifaats z trenne, o wenn er däm Grundsatz uf dere Reis grad totau widersproche het. Hätt me nid gwüsst, dass es hie um sehr Prifaats u gar nüt Gschäftlechs ggangen isch, mi hätti ne bigoscht uf dä Gägesatz müessen aaspräche. Drum syg men o scho im Vorfäud überiicho, het er eim itz scho fasch wi nen Antwort ggä, dass me uf dere Reis ds Gschäftleche nid i ds Plenum tragi, settigs chönni sie bespräche, we si unger sich syg. Zwar heig me ja kener Gheimnis vorenang, aber über das ganze Zahlezüüg u d Koneggschens, wo no müessi gchnüpft sii, redi sie nid, we me derby syg, das wäri nüt aus e Zuemuetig. Der Zägg het sech da us der Affääre zoge wi ne Profi, wo viu gredt, aber nüt gseit het. Da hätt er s mit jedem Wirtschaftskrimineue chönnen ufnäh, un er het s tatsächlech gschafft, dass me sech nümme het derfür gha, nacheztopple, gobschon me Luscht hätt gha, no chlei meh us dene Giele usezchutzele, für se so chlei i d Ängi z trybe, wüu me ja im Grund gno gwüsst het, dass der Zägg ganz es angers Ziiu verfougt het, s eim aber ging no es Räätsu isch gsi, was de di zwe angere dermit hätte chönne z tüe ha. Itze heig är aber o no e Frag, we s grad drum göngi, enang so chlei uf e Zang z füele, het men itz der Töbu vo sim Biifahrersitz ghören insischtiere. Ihm syg s ja nie so ganz klar gsi, was men em Kewin eigetlech sygi. Me wüssi nume söfu, aus dass men e zimlech guete Draht heig mitnang, u dä chönni irgendwie nid familiär sii, süsch wär er vermuetlech weniger guet, win är so d Erfahrig gmacht heig. Sini Biografii zum Bischpiu sygi prägt vo re chliine Schwoscht, wo aues, won är aagfange heig, o gmacht heig. Nume besser. U ds Plöffe heig si vo Geburt aa koutiwiert, das heig si vermuetlech vo Vatters Syten i de Gen, öppis, won ihm fähli, u drum heig är s äbe weniger wyt bbracht weder seie. Vilech stöi är eifach o numen am enen angeren Ort, het sech itz der Chlöisu iigmischt. Erfoug syg ender schwirig z definiere, da spili mänge Faktor mit iche, u we bischpiuswiis Zfrideheit eine syg, de syg är, der Töbu, sire Schwoscht huushöch überläge. Mi het itz gar nid rächt gwüsst, a welem Ändi me hätti wöuen aahänke, wo du der Zägg ganz lapidar het la verlutte, mi sygi en Art e Grosmueter, nume besser. E Grosmeer ohni Ambizione. U da dermit het er der Nagu uf e Chopf troffe gha, mi het du aber gliich no erklärt, dass ds Tabi, em Kewin si Mueter, d Tochter vo der eigete Schwoscht sygi, u men em Kewin, auso em Zägg, eigetlech si Grostante syg. Auso nid eigetlech, sondern tatsächlech, het der Zägg müesse korigiere. Dä isch grad mega uf em Besserwüssertrip gsi, was me sech ja isch gwanet gsi. Eigetlech. Das tööni o no huereblöd, Grostante, het der Chlöisu abschliessend gmacht, u dermit wär das Thema abghäägglet gsi, we itz nid der Zägg wär dermit hingerfüre cho, si Familie chönni me sech haut nid useläse, das syg fasch chlei wi ne Zwangshürat. Dass das der Rudouf Steiner es Bitzeli angers heigi gseh, het men itze nid i ds Fäud wöue füere, schliesslech sy d Antroposoofe nid grad schampar hööch im Kurs gstange, wobii Steiner Rüedu a dere Steu berächtigeterwiis iigwändet hätt, o we men im ene pränatale Ewaluazionsprozäss siner Eutere chönni useläse, heissi das no gar nüt bezüglech der Zämesetzig vo sire Gfougschaft poscht mortem. Wala. So schlüssig hätt er eim das vermuetlech verklickeret u mi hätti müesse zuegä, är syg haut gliich e schlaue Siech gsi. Emu isch me vo de Gschwüschterte zu de Gusine cho, u mi isch sech einig worde, der Iifluss, wo ds neecheren Umfäud uf eim heigi, syg wichtiger weder ds Erbguet, wo men uf e Wäg heig übercho. Mi steu sech numen einisch vor, er wäri nach sire Meer cho, het itz der Chlöisu glachet, de wär er der ganz Tag nüt aus am

Putze, u i däm Beriich syg är itz gwüss Gott e Stümper. Es überspringi ja meischtens e Generazion, het der Töbu gwüsst, si Suhn heig emu de mau es subers Loschii, da chönn er de stuune. Mi hätt itz gärn no der Schlungg gfunge für ne Biitrag im Sinn vo wi wichtig dass es aber trotz auem sygi, dass me wüssi, wo me härchömm. Das wär eim du aber grad e chlei z dick uftreit vorcho, wüu mi het nid emau aadüttigswiis wöue kundtue, dass me de scho wüssi, um was dass es hie eigetlech genau göngi. Drum isch me de wider ewägg cho vo däm ganze Fämelizüüg u uf d Kwalität u d Wichtigkeit vo Fründschaften iigschwänkt. Wenigschtens uf die heig men en Iifluss, het me ddänkt, säubscht we men öppen einisch meh gfunge het, so settig Verbindige wi zu re Bäben oder ere Kää sygen eim en- der meh passiert, weder dass me sech se hätti usegläse. Das gsei me ja bi ihne. Sie drei heigi o ne längi Gschicht mitnang, ohni dass me sech gross gsuecht heig, het nach emene Zytli, wo me bbruucht het, für di ganzi Sach e chli la z setze, der Töbu ds Troom no einisch ufgno, grad aus hätt er eim ghöre dänke. We nämlech em Zägg si Meer nid di beschti Fründin vo sire Mueter u di Dritti i der Rundi nid Chlöisus Meer wä- ri, de hätti sie sech vermuetlech scho lengschtens us den Ouge verlore, gobschon si sinerzyt es paar Jährli zämen i d Schueu syge. U i Chintsch o, het der Chlöisu nachegleit. Är wüssi s no guet, wi der Töbu i d Blockflöte gsöiferet heig, bis ihm d Frou Ruefer eini us Plastigg heig ggä, bis er s de besser chönni. Di höuzegi heig er vermuetlech bis hütt nid zrugg übercho. We si itze no lenger so settigs Züüg wöugi us de Schublade nuusche, de syg me de z Säätropee ohni vorhär no am Strand gsi z sii, het der Zägg itz di ganzi Sach wider e chlei uf di gägewärtegi Sitwazion abebbroche, u der Töbu het pflicht- schoudig i d Charte gluegt, won er di ganzi Zyt het uf de Chnöi gha, gobschon s es eigetlech ta hätt, sech na de Tafele z richte. Es isch aues tipptopp signalisiert gsi, u nid emau meh angerhaub Kilometer isch es ggange, bis di nächschti Usfahrt cho isch, het me riesegross chönne läse. Itze chönn de o är e chlei umefreese, het der Töbu zum Tesla gseit, u grad aus hätt er s verstange, het dä sech afa strecken u aasatzwiis der Schwanz bewegt, so nes richtigs Wädele het er nid zstang bbracht. O är isch nach paar Stung Lige ging chlei gstabig gsi u het es Zytli bbruucht, bis er isch i Bewegig cho. Im Grossen u Ganze het s eim aber ddünkt, di Fahrerei dahie machi ihm nid der Huuffen uus. Das sygi äbe ds Schöne bim Reise, het itz Chlöisu no müesse zämefasse, dass me nid nume geografisch wyter chömi mitenang, sondern o mönschlech. Ihm göngi das ja sogar eso, wenn er eleini ungerwägs syg. Bim Fahre göng eim so mängs dür e Chopf, dass me mit sinen Erchenntnis bim Usstygen am ene ganz angere Punkt syg, aus wo men iigstige syg. De müessti aber d Mönschheit wyter sii, het itz der Töbu däm Steitment widersproche. Bi dere Mobilität, wo da a Tag gleit wärdi u niemer meh z Fuess chönn ga schaffe, sondern di einten am Morge zersch e Stung uf Züri ache fahri, wärend di angere sech i d Gägerichtig bewegi u am Aaben aues i umgekehrter Richtig wider heizue fahri, müessti theoretisch d Häufti vo der Arbeit scho i de Chöpf passiert sii. Ihm chömm das aber leider grad nid eso übere, ganz im Gägeteeu. Ds Läbe chönn me nid i voue Züg gniesse, het itze der Zägg o no e Biitrag gleischtet. We di einte telefoniert, di angere der Döner mit Zibelen uspacki u Dritti so lutt Musig losi, dass me der Biit no drü Abteeu wyter hinger ghöri, de mües me sech so hert druf konzentriere, sech nid ufzrege, dass me nümm zum Dänke chömm. U scho het Chlöisi gääi use gha, was es chlyners Huupkonzärt usglöst het, was widerume der Zägg derzue veraalasst het, z doziere, di richtegi Zeichesetzig syg nid nume ds Aa und Oo bi der stiiusichere Formulierig, sondern o im Straasseverchehr. Är wüssi s scho, är heig so chlei e Blinkschwechi, het Chlöisu umeggä. Das hangi schwär mit sim Aadehaäss zäme, wo uf enes vorgeburtlechs Trouma zruggzfüere syg, win er voletscht i der Rückfüerigstherapii heig usegfunge. Sini Blinkschwechi füeri är aber ender uf siner Sümpatiie für e Wetti u e Hätti zrugg, wüu ihm imponieri denen ihri Zfrideheit im Umgang mit der Unentschideheit eifach totau. Es het zum Glück niemer öppis dergäge gha, dass me rächt tifig beschlosse het, mi fahri itzen umgehend uf e nächscht Parkplatz, für a Strand ache z cho. Scho numen em Tesla syg me das schoudig, vo sim eigete Hüngerli wöug er gar nid rede, het der Töbu gmacht, da chönni ihm der Wetti u der Hätti no lang.

Oggasiong

Besseri Mull heig me siner Läbtig no nie särwiert übercho, no nid emau im Palass z Losann, het me plagiert. Gobschon das chliine Peizli am Strand unger ender het e Faue gmacht wi ne durchschnittlechi Strandbar mit nid meh im Aagebot weder Hot Dog u paar sesonale Drinks mit Sunneschirmli. Mi het s gliich gwagt, Muschle z bsteue, wo si näb em Salad nissuas hei uf em Chärtli gha, nid nume, wüu der Chlöisu gfunge het, we me scho so naach am Meer hocki mit der Briisen im Gsicht u am Ruuschen im Ohr, de müessi o adäkwat ggässe sii. Nach däm ganze Wiissbrot i Form vo Briosch, Foggatscha u Tramezzini, wo itze nid grad di gsüngschti Syte vo der mediterrane Chuchi röpräsentiert hei, het s guet einisch wider Fisch dörfe sii, wobii eim d Kää da schön belehrt hätti i Sachen Ungerschied zwüsche Meeresfrücht u Dorschfilee. Das isch eim itzen aber zimlech einerlei gsi u ds Choleschteriin e Chiuche. Chörndli picke het me de no lang gnue wider chönne, u am Mittumeer ga Gmües ässe hätt eim itze scho chlei gspunne, we nid sogar abartig ddünkt. Mi het sech sogar überleit, na de Ferie de wider einisch e Saftwuchen iizlege, u mit däm Vorsatz het sech ds schlächte Gwüsse umgehend verflüchtiget, so wi me o der bös Blick vom Dokter Lädermaa nümme gspürt het, wo eim ging u ging wider über d Schoutere gluegt het, we me nid ufpasst het. Di fettige Pommfritt sy ganz früsch u d Mull im ene Suud us Pastis gchöcherlet gsi. Der Töbu het no grad e zwöiti Porzion bsteut, wo me zäme teeut het, u itzen isch me da uf dere Techi gläge, wo si hei us em Chare zouberet u eim hei zwäggleit, u aus Chopfchüssi hei si eim e Badibaue nid ganz ufbblaase. Mi hätti ke Schritt meh chönne tue, nid nume wäg em vilen Ässe. Vom Glesli Wii isch me zuesätzlech e chlei gchäppelet gsi, u we me wär ehrlech gsi, hätt me müesse zuegä, dass di Reis für eim scho nid so ganz ohni isch gsi. Das Ungerwägssii, gobschon me nid viu het müesse tue, het eim scho gä z schaffe. Vilech, wüu ging öppis glüffen isch u me znacht nid grad verruckt guet het chönne schlafe. Zum Glück het aber niemer gfragt. Mi het s de Giele nid wöue verderbe. Di drei hei nämlech ganz angers z tüe gha, u mi het sen ohni tumms Gfüeu chönne la mache. Wi chliini Goofe hei si sech nach em späte Zmittag i d Badhose gstürzt u sy zum Wasser gsecklet, nid ohni eim vorhär versicheret z ha, dä vo zwo Stung warte nach em Ässe syg de im Fau en aute Huet, mi heigi usegfunge, dass das gar nid stimmi. Aus hätti me o nume ds chlynschte Wörtli la verlutte, un es hätt eim nid verwungeret, we si glii wäre derhär cho für z frage, gob si e Glasse dörfi. Si sy uf jede Fau i d Wäuen use gsecklet u hei der Tesla wöue derzue bewege, mit i ds Wasser z cho, dä isch aber nume umeggumpet u het d Wäuen aakläfft u i ds Wasser bbisse. Das aber o nume grad es einzigs Mau, für z merke, dass das Sauzwasser nid mit sine Gschmacksnärfe koreschpondiert het. Mi isch froh gsi, het sech der Zägg es paar Stung vo sim Notizbüechli u sinen elektronische Grätschafte möge trenne. Nid emau bim Zmittag het er se bi sech gha. Är het eim nume bbätte, vom Peizli e Foto z mache, das syg e Gheimtipp, das mües me sech umbedingt merke. Es isch eim i Sinn cho, win er nach sinen erschte Strandferien isch heicho u gseit het, är wöug de einisch Meerschüümer wärde, der Füfjärig. Speter het er de korigiert, er mach lieber e Schnupperlehr i re Parfümerii. Itzen aber het er sech uf em Rügge vo de Wäue la trybe, u säuber isch me sech hie uf em Trochene vorcho wi ne gstrandetet Waaufisch, so schwär het me sech gfüeut, u d Bäbe hätti itze nume wider glachet u gseit, solang no nid die vo Griinpiiss mit nasse Tüecher chömm cho z seckle u eim wöug i ds Meer zrugg trööle, syg s no nid eso schlimm mit em Übergwicht. Im Vergliich zu deheimen isch es aagnähm warm gsi, ohni dass men aber hätti e Sunneschirm bbruucht. Es liechts Röckli wäri itze no ganz gäbig gsi, het me ddänkt, aber mit dene Chrampfadere chönn me kener Schüpp meh trage, het me scho vor Jahren entschiden u Stützstrümpf syge no weniger sexi. Das ligi weniger a de Bei aus meh am Auter, het men einisch am Tabi probiere z erkläre, denn i däm abartig heisse Summer, wo si eim het wöue di Hosen usrede. We me der Papscht luegi, so chömi däm d Röck o nümme so guet wi früecher, wobii me ihn im Grund gno no nie aus Modeikonen aagluegt het gha. Der Dokter Lädermaa hätti me nid zwöi Mau müesse bitte, für eim z überwyse, für di Chrampfadere z operiere, was eim aber nid grad ds Nötigschte ddünkt het. Ganz abgseh dervo, dass das Chöschte hätti generiert, wo sech irgendwie de gliich nid so richtig uszaut hätte. Was het men i däm Auter Bei wi nes Model wöue, nume für paar Mau im Jahr chönne Röckli z trage. Dä ganz Jugendwahn isch glücklecherwiis spurlos a eim verbii, u mi het ging verträtte, es früntlechs Lächle syg hundertmau schöner weder Lippe wi nes Schluuchboot u Plastiggzäng. Da würdi eim de ds Gäut schön röie derfür. U we de d Inschtandhautig vom Körper samt dritte Zäng tüürer chömm weder der Zwöitwohnsitz z Ascona, de chönni emu öppis nümme stimme, het me gfunge. D Bäbe het zwar gmeint, für öppis zali me schliesslech siner Prämie. Da chönn me scho ab u zue öppis zrugghöische vo dere Chrankekasse, aber säuber isch me der Meinig gsi, si Gsundheit syg eim das Gäut wärt, wo me da jede Monet iizaut heig. U we das aues syg, wo me derfür müessi tue, für nid ärnschthaft chrank z wärde, de syg dä Stutz guet aaglegt, o we mittlerwyle da sicher mehreri Hundertttuusig Fränkli syge zämecho. Mi het sech ja ging gärn öppis Guets ta, aber eim isch e tüüri Fläsche Wii lieber gsi weder es nöis Piueli vom Dokter Lädermaa, u wo dä eim einisch meh het ufpotte zum Tscheggöp, het me gfunge, mi läbi doch lieber no es paar Jährli im Gloube, mi sygi gsung, aus dass me da öppe no öppis fingi, wo eim ja gar nid hert störi u aaföi, am ene Gschwüür, wo irgendwo syg usgmacht worde, umezbäschtele, für dass me di letschte Läbesjahr no müesst unger Chemo u so Züüg lyde. Är het e chlei läng gluegt, aber emu nüt gseit drufache. Vilech het ihm di Hautig we nid grad imponiert, so doch de wenigschtens iiglüüchtet. Klar sygi d Vorsorg wichtig u so nes Skriining au füf Jahr chönni sicher nid schade. Aber gob me bi settig aute Lüt, wi me säuber sygi, d Mortalität wöug usestüdele, syg ja irgendwo düre scho chlei fragwürdig. A öppisem müessi schliesslech gstorbe sii, u der Ufwand, wo nötig syg, für öpper z heile, söui doch gschyder bi Mönsche betribe wärde, wo no nes Läbe vor sech heig. U so het er sech de emu uf d Bluetwärten u d Härzmässig beschränkt u eim nid no einisch meh i di Röhre gschickt, wo jedi Abwiichig vo der Norm hätt aazeigt. Solang eim nüt meh weh tüegi aus üblech, chönn er das verträtte, het er gmeint, der Lädermaa, wo me von ihm zum erschte Mau ddänkt het, däm tüeg ds Auter o nid schlächt, itz, won er äuä o bau sächzgi syg, wärdi dä ja fasch so öppis wi vernünftig. D Kää het ja früecher ging gmacht, mi gieng o gschyder gar nid zum Dokter, wüu dä fingi garantiert öppis, wo müessi behandlet sii. Di settige müessi schliesslech o gläbt ha. U der Schnäbi isch sogar der Meinig gsi, aues, wo me nid drüber redi, syg o nid, drum het men i siren Aawäseheit ds Wort Proschtata nid dörfen i ds Muu näh. Mängisch het me sech gfragt, gob s äch öpper gschafft heig, mit ihm euter z wärde. Däm isch me du aber nie nacheggange, so wi me nüt u niemerem meh nacheglüffen isch, wo nid vo säuber isch zu eim cho. Emu het eim nie öpper um Rat gfragt, wi men ihn chönnti händle, we s aber je einisch so wyt wär cho, mi hätti nüt Wyters gwüsst z sägen aus mi söui nen eifach la gah. Wenn er s gseh heig, de wöug er wyter, ussertdäm syg däm si Gebruuchsaawysig scho bi der Geburt verlore ggangen u ne Garantiischiin heig s nie kene ggä. Ds Läbe mit em Schnäbi syg es Risiko, o we das uf kem Biipackzedu stöi. Settigs machi äbe ds Läbe spannend, het men ar Bäbe ging wöue verzeue, nume dass sie vermuetlech besser gfahren isch mit ihrem ender reizarme Ruedi, wo kes Ärdbebe het chönnen us der Rue bringe. Är wär o gärn eine wi der Anger, wo nie en Angere wett sii weder sich säuber, het der Röfe mau ganz niidisch gseit u vom Ruedi gredt. Emu sy d Bäben un är bis am Schluss zäme bblibe, so wi si sech das dennzmau versproche hei, so lang, bis Ruedi nümm erwachet isch. Är syg no chlei warm gsi, wo si ne heig wöue wecke, het si verzeut. U dass er nid het müesse früüre bim Stärbe, isch ar Bäben e grosse Troscht gsi. Vom Stärben isch men aber a däm Strand dahie wyt ewägg gsi. O het me sech wider söfeli bchiimet gha, für dass di Stimmig hie het mögen uf eim abfärbe. D Drächen i der Luft u d Goofen i ihrne Sangburge, d Sörfer wyt ussen uf em Wasser u di aute Wiiber mit den ufeglitzte Hosebei, wo sech vo der Brandig hei d Füess la massiere, es paar Luftmadrätzeler, wo sech hei la tryben u natürlech die, wo em Strand naa sy, für öppen e schöni Muschle z finge, derzue ds Ruusche vo de Wäue, wo ds Grageeu vo de Lüt u ds Kreische vo de Mööfe wytgehend übertönt het, churzum, ds Meer het en einzigartegi Würkig gha, besser aus jedes outogeene Trening, u so het das eim guet ta, eifach da so z ligen u däm Trybe zuezluege. Sogar we me d Ouge het zue ta, het di Atmosfäären eim e Wöhli vermittlet, un es isch eim plötzlech vorcho, aus wär men o no einisch um di zwänzgi, heig Luscht uf Sang, Sunne, Meer u Fann. D Erele het sech ja ging mit Mäuchfett iigribe, für dass si schneuer bruun wärdi. Gnützt het s nid viu, im Gägeteeu, am erschten Aabe vo de Ferien isch si ging fei e chli rot gsi u vom dritte Tag aa het si sech afa schinte. Si het das, wi aues, wo re im Läbe widerfahren isch, glasse gno u gmeint, das ghöri zu ihrne

Ferie wi d Sunnebrüue, wo si o nume denn tragi. Eigetlech gäb die Gringweh, u we si nid so tschent würd usgseh, hätt si se scho lengschtens küderet. Guet sächzg Jahr isch das itz här gsi, u mi het sech gfragt, gob s im Jensyts änen äch o ne Strand heig, für dass sech d Erele o dert ab u zue am Meer chönn ga ne Brönner reiche. Un es isch eim i Sinn cho, wi me denn zämen i de Ferien uf Südfrankriich aben isch, a ne Strand, wi disen einen isch gsi, nume dass es dert e Gämping-platz het gha u me am schönschte Maa ewer begägnet isch. Glood het dä gheissen u isch optisch emene griechische Haubgott, auso a der Mönschwärdig vom Adonis, zimlech naach cho, nume dass er blond isch gsi u nid nume Sörfer, sondern o no Beiwotscher. Gäge dä hätt der Hässelhoff chön-nen iipacke. Am Aabe het er uf aus uche no d Strandbar gschmisse, u zmingscht zwe Drittu vom Umsatz hein ihm d Frouen iibbracht, wo numen eis oder zwöi oder paari meh sy cho zie, wüu är dert bedient het u aune schöni Ouge ggmacht het. Dä het sech locker vo sim Trinkgäut der ganz nächscht Winter chönne finanziere. Zum Glück het denn d Erele kes Inträsse zeigt, süsch wär me sech öppe no i ds Gheeg cho, wüu me het es Oug uf ne gworfe gha. Aber leider nid preicht het, wüu bis uf en Umstang, dass men ihm am letschte Tag si Adrässe ggä het, ihm kes einzigs Schrittli neecher isch cho. Ds Scharwänzle isch scho denn nid so eim Siis gsi, ganz abgseh dervo, dass eim di entscheidende Kurfe gfäaut hei. Dass du der Glödu tatsächlech mit sim roschtigen Oggasiong vom enen Ärrvier uftoucht isch, het eim när zimlech erstuunt, u de het er sech bi eim iikwartiert u sech ds Bärnbiet chlei la vor Ouge füere, gratis u franggo notabene. Mi het ihm das nid chrumm gno, ersch won er du mit em Anschelo het es Gschleipf aagfange, isch eim ds Zwänzgi abe, vo denn aa isch aber das Verhäutnis eidüttig entspannter worden u aues klärt gsi zwüschen eim. Win er uftoucht isch, so isch er o wider verschwunde gsi, u dass er eim usgrächnet itze dür e Chopf isch, het ke Zuefau chönne sii. Churzum isch me no einisch zwänzgi gsi u het probiert, es Zäut ufzsteue, het ds letschte Münz zämegchraauet, für sech am letschten Aabe no einisch e Pinia Golada z gönne, wo men i däm Chleidli mit de dünne Tregerli, wo me zwar no zäh Jahr het im Schaft gha, aber nie meh treit het, bim Glood bsteut het un är eim e spezieu grosse Gutsch Rum het iigschänkt. Süsch hät me sech das mit der Adrässe äuä gar nid getrout. Di Szene het men überdütlech vor Ouge gha, aber vermuetlech o nume drum, wüu me mit däm Drink ar Erele het zueproschtet, grad genau i däm Momänt, wo si mit ihrer Pocketkamera het abdrückt. Der Glödu het me nume ganz verschwummen im Hingergrund chönnen usmachen u o nume drum erchennt, wüu me gwüsst het, dass süsch niemer angers isch hinger dere Theke gstange. O die Foto isch eim bim Sortieren i d Häng cho, u mi het sen uf d Syte ta. Mi het sech itze gfragt, was es äch us ihm so ggä heig. Der Glood isch ganz sicher öppe nünzgi gsi, u wenn er no gläbt hätt, de sicher irgendwo im ene gedigene Pflegeheim, faus er das vermöge hätt. U süsch in ere sozialen Iirichtig für ender Mittulosi. Vilech aber het o är hie unger bereits ustschegget gha u ne Stock wyter oben aus Saniboi Drinks gscheiket. Settig het me ja überau chönne bruuche. Fasch wär me grad am Iinicke gsi, we s nid plötzlech unaagnähm gsprützt hätti, wüu sech der Tesla näb eim isch cho schüttle. Ds Wasser wäri no eis gsi, dernäben isch er aber o no vou Sang gsi, u mi het sech gfragt, was die vom Hotel äch zum ene settige Hung wärdi säge, vermuetlech aber si sech die das gwanet gsi, mi isch äuä öppe nid der einzig Gascht gsi, wo mit sim Hung i d Ferien isch. Aus hätte si eim siner Gedanke gläse, si itzen o di drei angere derhär cho, locker läässig mit em Badtuech um d Hüfte, u hei gmeint, mi mües langsam ga iitschegge, mi wöugi ja de no tusche vor em Znacht. Für das würd me gärn no einisch jung sii, het me ddänkt, für dass me jederzyt mög ichebyge.

Tesla

Der Töbu het gfunge, zum Glück heig der Tesla so ne gsunge Säubschtwärt, süsch chönnti är eim leid tue, zwüschen au dene gfrisüürleten u gmäschelete Hüng, wo da ungerwägs syg. So chönni me däm o säge, het me ddänkt. Vilech syg das o nume di richtegi Porzion vo Innioranz, wo der Baschter da au dene Riichen u Schönen entgägebringi. Är isch Fuss glüffe wi ne Profi, u fasch het s eim ddünkt, er rümpfi d Nase, wenn er aui di Schooshüngli a de Tische het gseh hocke, wo mit Fasaneschlegeli oder süsch irgend so Schickimickizüüg ab Siuberplättli sy gfueteret worde. O we die itzen aui Sindi von der Almenhöhe oder Hugo vom Hubertushof heissi u mit Stammboum usgrüschtet syg, de wüssi me bim Tesla besser, was men an ihm heig. E Kwalitätshung mit Charakter, het o der Chlösu biipflichtet, wo me de gliich i nes Strassegaffee ghocket isch u sech en übertüürete Pastis het la särwiere, für däm abghobne Tryben i auer Rue chönne zuezluege. Das syg sech der Stutz derwärt, isch men überiicho, o we der Zägg wider einisch meh uf siner gschäftleche Belangen isch fokussiert gsi. Aber mi het ne la mache, u wenn er nume het wöue stius Wasser suuffe für acht Öiro ds Gütterli, so het eim o das nid groue. Houptsach, aui sy uf ihri Rächnig cho. Der Tesla isch unger ds Tischli a Schatte ggraagget u het sech vo sim Strandspaziergang erhout, wo der Töbu mit ihm gmacht het, bevor me sech hie unger d Turis gmischt het. E Hung heig angeri Aasprüch a ds Läben im Augemeinen u Erwartigen a Ferien im Speziuue, het er gmeint u isch samt em Bäueli ab mit ihm. Uf Sang syg er no nid so usduurend, het er du emu komentiert, wo si sy zruggcho u der Tesla d Zunge fasch am Bode nachegschleipft het. Erfahrigsgmäss isch dä aber ging wider schnäu bi de Lüt gsi, drum het eim das nid wyters beuruiget. Turismus syg, we z viu Lüt i z knappe Chleider i z tüüre Peize mit z viu Gwicht e z grossi Flächi z roti Hutt zeigi, isch am Zägg sis knappe Resümee vo dere ganze Sitwazion a dere Strandpromenade gsi, won er hurti vo sinen Aktiwitäten ufgluegt het. Mi het einisch meh feschtgsteut, was dä für nes schlaus Pürschteli isch gsi, wo mit emen einzige Blick d Laag nid nume het chönnen erfasse, sondern se sogar no uf e Punkt bbracht het, u das sogar aus Multitaasker. Das syg genau sis Problem mit em Reise, het itz der Chlöisu dä Faden ufgno. Irgendwodüre ghör me ja o i die Gruppierig, mi wöug s eifach lieber nid zuegä. Aber o we me no so guet würdi französisch schnure, e Hiesige wär me nie, u we me sech no so Müe gubti mit der Aalegi u weder Schorts no Sandale würdi trage. Nid nume wägdesse syg me säuber o ender säuten i d Ferie, het me verzeut, o we me ne Zyt lang vo re Chrützfahrt heigi troumet gha, denn, wo men am liebschten auem u jedem deheime der Rügge ddrääit hätt u uuf u dervo wär, bis eim du öpper mau d Chuttle putzt u gseit heig, dass me sine Problem nid chönni dervorenne, di nähmi me mit i Form vom ene Rucksack, wo mit jedem Kilometer nume ging schwerer wärdi. Drum syg me du numen es paar Tag uf Paris, söfeli heig me grad no möge trage, das vor auem wäge der Koutur. Süsch heig me sech am liebschte deheim ume la verwöhne, am liebschte vom Schnäbi u sine Schnitzeli, wo di beschte syge gsi hienache vom Bodesee. Da hätte die z Wien änen i d Sunne gluegt, we si je einisch eis vo dene probiert hätti. Der Töbu het nachetopplet, da chönni är es Lied dervo singe, är syg emu o no nie z Nöiork gsi. U we me deheime nid zfride syg, wie dass me s de usswärts wöui wärde, wo doch nüt weder gmotzet wärdi über e Ruumserwiss u ds Ässe, wo me sech der Schiisser iigfange heig, mi heig s ja dä Morge bim Bröntsche wider einisch gmerkt, wo sech di einten am Büffee fasch abgschlage heige, wo s um ds letschten Ei sygi ggange.

Dass si gschyder gwartet hätti, so wi me säuber, bis der Chäuner isch cho frage, gob me lieber es Rüerei oder es Omelettli wöug, hei si scho nümme mitübercho, wüu si so hei müesse pressiere, für dass si ihre Ligistueu am Puul hei chönne ga bsetze, bevor öppe scho ne Russ wär druff gläge. Numen a ds eigete Hochzyt heig me no di gröseren Erwartigen aus a d Ferie, het der Zägg no einisch resümiert, da chönn me sech fasch nüt angers aus en Enttüüschig iifaa. D Hotelbewärtig vom eigete chliine Reisekolektiif isch im Gägesatz da derzue uf jede Fau dises Mau usnämend guet usgfaue, gobschon men ersch am Zmorgen isch gsi, wo der Zägg mit der Befragig het aagfange. Aber dert uf der Terasse, zwüsche Zitonestrüücher u Oleander, sy kener Wünsch offe bblibe, u gobschon dass men o i dere Nacht nid würklech prächtig gschlafe het, het me doch am Morgen am offnige Fänschter uf sim Mätteli möge siner Üebige mache u nes Viertustüngli meditiere, was eim wider so richtig bbödelet het. Der Start i Tag hätt nid besser chönne sii, u zäme mit emene Müesli u früsche Frücht u mene wunderbare Gapputschino het me mitnang ds Tagesprogramm besproche. Dass me sech weder d Jachte no di tüüre Schlitten oder öppe no der eint oder anger Promi het wöue la entgah, isch für aui klar gsi. We me scho einisch d Glägeheit heig, sech ir Häisossäieti z bewege, de wöugi me das o usgibig zelebriere. Der Jachthafen u d Tschitadella, wo nid öppen e Stadt i Wurschtform wär gsi, wo me sech gäbigerwiis Schyben um Schybe dervo hätt chönnen abschnyde, het men i d Planig ufgno, der Räschte het me när de Gielen überla. Mi göng de lieber am Namittag a Strand oder zrugg i ds Hotel ga tschille, het me ne gseit, für dass me de wider fit syg bis zum Znacht. So heigi sie freii Hang bi der wyteren Organisazion, syg s für Gschäftlechs oder zum Vergnüege. U mi nämi schwär aa, dass si sech de o no chlei i ds Nachtläbe wöugi stürze, we me scho einisch hie syg. Das säg eim säuber nämlech gar nüt, settigs mües me nid gseh ha, no nid emau vo wytem. Morn chönn me mira de no chlei de Buttigge nache. So chlei am Luxus ga schmöcke chönni nüt schade. Mi isch froh gsi, het der Zägg zwo Nächt bbuechet gha, so isch me so chlei vom Stress befreit worde, aues müesse gseh z ha, wo s hätti gä z gseh. U ohni dass me no meh hätti müesse begründe, sy aui mit däm Vorschlag iiverstange gsi, u der Töbu het gseit, we s eim gliich syg, de nähm är der Tesla no mit bis zum Znacht, de syg me säuber liber. I Nachtklup löi me ne de aber vermuetlech nid iche, o we men efangen überau offe syg für jedi Kategorii vo Kreatuure. Säuber isch me froh gsi, wo me sech nach em Kouturtrip het chönnen abseilen u i ds Hotel la zruggfahre. D Giele hei eim es Taxi bsteut, vermuetlech nid ganz unglücklech, dass si itze hei chönne frei über ihri Zyt verfüege, ohni gross bbrämset z wärde. Der Chlöisu het emu scho wider es Päärli Sniiker im Gürbi gha, wo auerdings vermuetlech öppe ds Zwänzgfache vo de letschte gchoschtet hei. Sehen und gesehen werden syg dahie ds Kredo, het der Töbu no gmacht, bevor er eim d Outotür het zueta. Da wöugi sie doch umbedingt o derby sii. Mi het das verstange u druf vertrout, dass die drei sech uf genau das würdi beschränke, u isch froh gsi, het me di schwäre Bei chönnen i ds Fäud füere, wo men itzen umbedingt no chli het wöue ga hööchlagere. Mi het sech iiddeckt mit Aasichtscharte, wo me het wöue schrybe, ganz abgseh dervo, dass di wunderbari Terasse mit de Ligistüeu en usgezeichneten Ort isch gsi für nes Nückli. Dass das Hotel chlei im Hingerland isch gsi, het gar nüt gmacht, im Gägeteeu, dert het zwar nid grad der Bär tanzet, derfür isch es schön ruig gsi. Vilech het sech der Zägg wäge däm für genau das entschide, wüu er het ddänkt, de eutere Semeschter syge kener Gliger i der Sitti zuezmuete, wo di ganzi Nacht gläbt wärdi. Uf jede Fau het itz d Druschinska o no e Charten übercho u d Bäben u d Kää e zwöiti. Mit däm Säätropee het me scho chlei chönne plagiere, o we me niemer aatroffe het, wo me kennt hätt us Fium u Fernseh. Aber mi het gseh, wo d Brischitt Bardo so ungerwägs isch gsi, un em Rosche Wadim sis Grab het men o bsuecht. Aber o nume, wüus grad gäbig am Wäg gläge isch. Mi het s nid so gha mit Fridhöf im Augemeine un em französische Fiumschaffen im Spezieue. Emu het men itz sogar am Dokter Lädermaa e Charte gschribe, so aus chliises Zeiche, wi mobiiu me no ungerwägs syg. Voletscht het er ja gmacht, es syg nüt aus normau, we me nümme so beweglech u flexibu syg, drum heig er sech entschide, vo itzen aa o Husbsüech aazbiete. Mit der nötige Zuesatzversicherig zali das sogar d Kasse. Es syg ja füraa nid eso, dass der Arzt im Huus eim der Sensemaa erspari, het men ihm uf das ache gseit, drum nähm me dä Wäg i d Praxis uf sech, solang eim d Füess no tragi. U für ihm z zeige, was für angeri u wytuus wyteri Wäge me no het unger d Füess gno, het men ihm e Charte mit Meerblick wöue la zuecho, gobschon me zimlech druf bedacht isch gsi, d Dischtanz zu ihm z wahre. Es isch eim ja meischtens scho piinlech gnue gsi, we me het müesse der Puli abzie, für dass er eim het chönne der Buuch abtaschte, für z luege, was mit der Verdouig nid klappi. D Bäbe het nume gmeint, de rüer eim emu wenigschtens öpper no einisch es ugrads Mau aa, u we s nume grad i Latexhäntsche syg. Aber teeu stönge ja uf settigs. Für e Körperkontakt het me sech säuber aber lieber au vierzäh Tag einisch e professioneui Massaasch gleichtet. Em Saruman siner chräftige Häng, wo da mit Druck u Gspüri u Ööu, wo guet gschmöckt het, angerghaub Stung uf di verhertete Muskusträng u Faaszie hei iigwürkt, hei ds Bedürfnis nach Berüerig vouumfänglech ddeckt. U mi het verstange, us welem Grund d Frou Chupferschmied es Abo bim Flügaro het glöst gha, sie, wo süsch ender uf der gytzgnäpperige Syten isch z finge gsi. Nid nume, wüu si jedes zähte Wäschelege disewäg gratis überchömi, wi si plagiert het, em flügende Gwafför siner Dienschtleischtige, wo ging mit ere Haarwurzumassaasch aaföi, tüeg nämlech schuderhaft guet. Der Felipe chönn eim da es heisses Tschudere der Rügge zdürab schicke, nüt Schöners. Si chönnti stungelang der Gring häreha, wenn er d Sunnepünkt stimulieri. O d Frou Binggeli isch mit ere nöie Frisur ging glüffe wi nes früsch ufddrääits Uhrwärch u em Beck zue gstiflet, für nes Turtli ga z reiche. Genau itze wär me froh drum gsi, wenn eim öpper vilech weniger der Chopf gwäschen aus viu meh d Füess massiert hätt. Aber mi het ja nid für nüt ds Gloubersauz iipackt, u so het me sech chönnen es Fuessbedli mache, bevor me när usen isch ga lige. Derzue het me der Tiwii la loufe, nid wüu men öppis hätti wöue luege, sondern eifach drum, wüu men i de Ferie aus das gmacht het, wo me sech deheime verbotte het. Am heiterhäue Namittag biuig produzierti Seriie luege bischpiuswiis u derzue ds Piggolööli us der Minibar köpfe u das ab em Fläschli suuffe. Mi het ja gwüsst, dass gwüssi Lüt im Auter no einisch so öppis wi ne Trotzfaasen oder e zwöiti Pubertät hei düregmacht. Dass es eim eines Tages säuber o no mau würdi verwütsche, hätt me weniger vermuetet. Aber em Schiin aa isch es grad der Momänt gsi für settigs, zmingscht isch eim si Luun plötzlech uf emene zimlech hööche Lewel obe gsi, u o we me nid zu de Schöne u Riiche oder nümme zu de Jungen u Zwääge zeut het, so het me doch immerhin zwar ke Porsche oder Ferari, derfür aber e Tesla gha, u ds Läben a dere französische Riwiera het e Reiz übercho, dass me sech s e ke Sekunde lang meh isch gröiig gsi, dass me das Aabetüür iigangen isch.

Schassi

Gweckt het eim em Tesla si vorwurfsvou Blick, u wo men uf
d Uhr gluegt het, isch es tatsächlech scho na de nüüne gsi. Wi
lang dass er scho hie näb em Bett ghocket isch u eim bim
Schlafe zuegluegt het, isch numen ihm klar gsi, wobii dass me
ja gwüsst het, dass Hüng kes Zytgfüeu hei gha, vo däm här syg
di Fragestelig gar nid relewant, het me sech beruiget. Mi het
sech kes Gwüsse gmacht, sondern sech ender e chlei eschof-
fiert, dass me het ufmüesse, itze, wo men äntlech hätti chönne
penne. Aber mi het ja nid vom Töbu chönnen erwarte, dass
dä d Hunerundi am Morgen aus si Tschopp aagluegt hätti,
mi het vermuetet, dass es bi ihm nächti speter worden isch u
dass di drei vilech ersch gäge Morgen i ds Näscht sy cho. We
der Tesla eis nid het chönne, de isch es Usschlafe gsi, wi hätt
er das o söue glehrt ha, wo me säuber wi nes Ührli jede Mor-
gen am sächsi uuf isch. Das het men itze gha dervo, bbracht
hätt s nüt, ihm es wyters Mau wöue der Ungerschied zwü-
schen Autag u Ferie z erkläre. Gobschon me duurend mit
ihm gredt het, isch eim bewusst gsi, dass er vo däm auem, o
wenn er ging üssercht ufmerksam zueglost het, nüt kapiert
het. Was het men auso angers wöue, aus d Leine z näh u hur-
ti mit ihm es Rundeli z trääie. Ds Hotel hätti sicher o ne
Hundeserwiss im Aagebott gha. Öpper het ja mit au dene
Pinscher u Pudeli müesse Gassi gah, für dass si nid i ds Zim-
mer gmacht hätte, we Herrli u Froueli no im Kingsäis hei
wöuen es Güppli näh. Settigs aber hätt me nie in Aaspruch
gno, e Ganztagsbetröiig syg me sim Hung schoudig, het me
nämlech ging verträtte, we d Kää eim het wöuen e Hundesit-
ter aaträäie, für dass me nes ugrads Mau ohni Tesla mit ihre
furt hätt chönne. Sie syg meh so der Chatzetüp, het si ging
bhouptet, gobschon si nie einisch het es Tier gha bis uf dä

Nerz vo der Grosmeer, wo si sech ab u zue, we si het wöuen aagä, aus Chrage het um d Schoutere gleit. Wo der Töbu aber geschter bim Znacht gmacht het, we s de einisch nötig syg, dass men öpper bruuchi, de syg är de z ha für e Tesla z näh. Är heig Platz u ne Garte u ussertdäm en Arbeit, won er ne chönnti mitnäh, das wäri aues gar kes Problem. Das het eim scho grad e chlei entlaschtet, wobii me gwüsst het, dass o der Zägg oder ds Tabi gluegt hätti, we s eim öppis ggä hätt, aber sicher nid mit em gliichen Angaschmang wi der Töbu. Mi het emu nid grad abgwunke, sondern gseit, da chömi me sicher früecher oder speter de einisch gärn druf zrugg. Langsam het me bau es schlächts Gwüssen übercho, dass men em Töbu, däm liebe Siech, ging no nid so rächt über e Wäg trout het, u mi het sech afa fraage, gob da, bi au deren Ässerei, vilech eim sis Buuchgfüeu nümme funkzioniert. Aber itzen isch me fange mau i däm Pärkli unger gstangen u het druf gwartet, bis der Tesla sis Gschäft erlediget het, was chli het möge duure, söfu win er het gha z schmöcke. U das het eim einisch meh zeigt, dass für ne Hung nöii Iidrück o sy vo Inträsse gsi. Auso het me ne la mache, schliesslech het o är e chlei Ferie söue ha u öppis angers dörfe chönne schmöcke weder ds Übleche. Mi isch du när, statt siner Üebige z mache, i ds Hauebad ache ga nes paar Lengine schwümme. Het me doch tatsächlech ds Badchleid iipackt gha, un es isch eim sogar no ggange, was eim erstuunt het, isch es sicher meh aus zwänzg Jahr här gsi, dass me s ds letscht Mau bbruucht het. Das isch denn i dere Wellnesswuche mit der Bäbe gsi, wo me zämen i Schwarzwaud isch, wüu sie so nes Wuchenänd für zwöi gwunne het gha. Ruedi chönni nüt aafa mit so gsungem Züüg u är sygi o nid gärn der Hahn im Chorb, wüu er dänki, dass es dert vor auem Froue heig. U us em Hahn im Chorb wärdi de schnäu einisch es Güggeli im Chörbli, heig er o no gmacht, drum het d Bäbe du eim iiglade. Mi het sech vorgsteut, wi me de dert i der Gruppe würdi turne, i ds Dampfbad u i d Souna gieng, jede Tag e länge Spaziergang miech, für dass me de am Aabe mit guetem Gwüsse chönnti e Viergänger iifreese. Es isch du bim Ässe bblibe, aagfange bim Zmorgebüffee, wo diräkt i Löntsch überen isch, u nach em Mittagsschläfli het es Gaffee u Chueche ggä mit gfüeut hundert verschidene Sorte Turten im Sortimänt u zum Znacht ging es Mönü sürpriis vom Stärnechoch. Wellness syg scho öppis Geniaus, het d Bäben am Schluss gmeint, u hätt me nid säuber der Hung bi sech gha, so hätti men eim nach dere Wuche chönne heitrööle. Söfu het me süsch der ganz Monet nid ggässe. Auso het me das Badchleid no nid emau denn bbruucht gha, un es isch Zyt worde, dass me s einisch het i Betrieb gno. Wär ja schad gsi, we si nöi wär furtgschosse worde. Zu dere Zyt isch no niemer ungerwägs gsi, wo men im Badmantu u de Schlarpe dür e Hotelgang zum Lift isch, so dass me sech nid het müesse schiniere. Mi het siner Bei la Bei sii u het ddänkt, we das öpperen kümmeri, wi die usgsei, de syg das nid eim sis Problem. Gseh het eim aber niemer bis uf di Zimmerfrou, wo grad derby isch gsi, früschi Handtüechli us em Schaft z näh. Di het angers z luege gha u vermuetlech o scho Strübers gseh i ihrem Läbe weder bleichi Scheiche mit Chrampfadere. Ds Wasser isch schön tämperiert gsi u het chlei gchlöörelet, das isch aber es Gwane gsi. Di paar Lengine u di warmi Tusche hei Wunder gwürkt, so dass me sech glii druf uf der Terassen am Zmorgetisch het la nes Omelettli mit Schnittlouch u Lachs särwiere, derzue es Grüentee mit Jasmin u speter när zum Gomfibrötli no nes Gapputschino. D Zytig, wo si eim hei wöue bringe, het me dankend abglehnt. Ganz bewusst het me wöuen Abstang näh vo Chrieg u Wahle, Ärdbeben u angerne Katastroofe. Ds erschte Mau im Läbe het me ganz bewusst nid wöuen im Biud sii, was uf der Wäut passieri, mediali Entgiftig sozsäge, en Innioranz, wo me süsch schwerschtens kritisiert het. Mi het s nämlech nid guttiert, dass es Lüt het ggä, wo sech drüber wägg gsetzt hei, dass ds Klima am Arsch isch gsi u drü Mau im Jahr irgendwo häretschettet sy. Nume dass me het müesse zuegä, dass es d Wäut vermuetlech nid grettet hätt, we si s nid gmacht hätte. Sech ufzrege het me sech ja wöuen abgwane, u mi het je lenger, je meh nümme uf di angere gluegt. We me s gschafft heig, am Ändi vom Tag mit sich säuber zfride z sii, de heig me scho viu erreicht, het me gfunge, wobii d Kää däm vermuetlech purlutteren Egoismus gseit hätti. Di het sech nach wi vor bi auem u jedem uf d Hingerscheiche gsteut, no we si im Roustueu ghocket isch. I däm Beriich gäb s o no ganz viu, wo sech müessi ändere, het si nämlech gseit, u da het si nid Urächt gha, wi me säuber gmerkt het, jedes Mau, we men öppis mit ihre ungerno het. Da sy d Trottwarränder no ds chlynschten Übu gsi. I so mene Hotel wi disem dahie hätti sie di gröschti Müe gha, ohni Hiuf scho numen i ds Bett z chönne. Si sygi putzt u gsträäut, hie im Bluemehof, het si ging gseit, was o gstumme het. Mi het se la mache, wi si het wöue, u re dert ghoufe, wo s isch nötig gsi. Si het jedi Freiheit gha, was für d Kää ds Wichtigschten isch gsi, we si sech nämlech iigsperrt füeli, de wärd si ulidig, het si gmacht, drum syg für seien o ne Zwöierchischte nie i Frag cho. Bi deren Ussag het si aber usser Acht gla, dass der Maa, wo ihrnen Aasprüch wäri grächt worde, zersch no hätti müessen erfunge sii. Aber das isch en angeri Gschicht gsi, u glücklecherwiis isch me säuber definitiif us em Auter uus gsi, für sech öppe no eine wöuen a Land z zie, no nid emau, we s e Matros wär gsi. Bim ene Kapitän hätt me sech s vilech no einisch überleit. Wüu vo de drei Here ging no nüt isch uszmache gsi, het me sech zwäggmacht u nes Taxi bsteut. We me no chlei de Buttigge nache het wöue, het me das itze müesse, schliesslech isch veriibart gsi, dass men am Namittag wider wyter wöugi. Mi het di Purschten auso la schlafe, i der

Hoffnig, si sygi de usgnüechteret, we s wytergöi. Mi het em Zägg es Ässämmäss gschickt, für Bscheid z gä. Es syg no grad Märit, het der Taxifahrer gmeint, wo sech isch gwanet gsi, d Turis dert häre z schoffiere, wo am meischte glüffen isch. Das het me sech nid zwöimau müesse la säge, u glii druf het me sech vo der Mönschemasse a Gwürz u Blueme, Frücht u Gmües, Brot, Olive, Ööu, Seife, Gschier u Kunschthand-wärch, Honig u Gomfi la verbytrybe u müessen ufpasse, dass eim kes Wäschpi gstoche het. Di sy bös gsi wi ging Änds Herbscht, u zum Glück het s gnue angeri Lüt gha, wo si hätte chönne stäche, we s de umbedingt wär nötig gsi. Mi hätti hie tonewiis chönne Suweniir gänggele, für öppis heizbringe. Em ene Päärli bbluemete liechte Lynehose, wo me nach em Pro-biere grad het annebhaute, het me nid chönne widerstah, vi-lech o nume drum, wüu men i dene Lüt inne viu z heiss het gha i de Tschiins. U mi het s o nid chönne la sii, sech e grosse Bitz Lawänduseife z leischte, für de deheimen i Schaft z lege. Di Seife zwüsche de Chleider het men au paar Jahr müesse wächsle, wüu si verduftet isch. Es isch zur Gwanheit worde, nume no Sache z choufe, wo angeri ersetzt hei. Däm Grund-satz isch me tröi bblibe, u we itzen es Paar Hosen isch derzue cho, de het me das unger Feriestimmig müesse chönnen ab-bueche. Ferie sy ja ungfähr z vergliiche gsi mit emene Hor-monschuub, wo men o nümme ganz bi sich säuber isch gsi, we s eim so richtig verwütscht het. Mi isch du wyter u het sech meh der ghobnigere Modewäut wöue zuewände, wüu Gutschi u Dior, Hermes u Rolex scho rein vom Priis här nid wäre zur Diskusion gstange, für öppe no einisch es Schnäppli z mache. Mi isch auso mit em Tesla dene Läde naa stouziert, aus würd me sis Läbe lang nüt angers tue. Mi het sech sogar getrout, iche z gah, für ds einten oder angere Stöffli o taktil z beguetachte. Di abschetzige Blicke vom Verchoufspärsonau hei eim nid abgschreckt, ganz im Gägeteeu, di sy grad eso richtig zur Useforderig worde, bis me sech tatsächlech het ghöre säge, das Paar Hose mit däm Bluusli würdi me gärn probiere, gob s äch das gääb i der eigete Grössi. D Dame vom Dienscht, wo het usgseh wi ne läbegi Schoufänschterpuppe, het eim taxiert, für ds Määss z näh, u mi isch einisch meh fasch e chlei stouz gsi uf sis Poschtüürli, wo sech no fei e chli het möge häbe. Für öppis isch si scho gsi, di ganzi Turnerei. Sie ihrersyts het knapp gnickt, wi we si eim widerwiuig würdi biipflichte, u isch hingere, di Sach ga reiche. Der Tesla het hübsch drapiert Platz gno vor em Vorhang, so dass me si Rue het gha u niemer ichegluegt het, für z frage, gob s göng. Di ender aagjahreten Ungerhose het me lieber niemerem wöue vor Ouge füere. Ar Verchöifere het me müesse z guet ha, dass si öppis verstange het vo ihrem Metiee. Di Hösli sy gsässe wi aaggossen u ds Blusli mit em Schiffliusschnitt un em Chnöpfli im Äcke het usgseh, aus wär s für eim gmacht. I de Socke het me der Vorhang ufta u het sech im Spiegu hinger a der Wang chuum me erchennt. Mi isch ja ging zu hundert sicher gsi, e Frou z sii. Aus Damen aber hätt me sech nie bezeichnet. Bis itz. Es het eim schier us de Söckli ghoue, wo so gar nid zu däm schlicht eleganten Uftritt hei wöue passe. Aber d Fachfrou wär keni gsi, wär si nid scho mit emene Päärli Wiudläderpömps mit flachem Absatz parat gstange, wo me chönni aalege, nume so zum Luege. Auso het me di ganzi Inszenierig no mit em passende Schuewärch perfekzioniert u sech vor em Spiegu vo aune Syten aagluegt. Ds Päch isch gsi, dass genau i däm Momänt d Giele hei der Lade gstürmt u schier abgläge sy vor lutter Begeischterig. Mi chönni meine, da syg d Oodri Hepbörn uferstange, het der Töbu pralaagget, u der Chlöisu het gmacht, das heig scho öppis, so nes ufgmotzts Schassi, si heigen eim itz fasch nid kennt, gobschon si gwüsst heigi, wo sueche. Ds Orte mit em Händi syg ja ke Sach, schliesslech syge sie verantwortlech für eim un es wär ne de niene rächt gsi, we me sech da irgendwo i irgendöppis ichegritte hätti. Aber si gsei grad, mi chömi ganz wunderbar säuber z Schlag, u we me sech di totau oberaffemegageili Aalegi itz nid grad sofort leischti, de legi si zämen u schänki das eim. U süsch wändi me sech de no a d Winterhiuf für Ungerstützig. Aber di Chleider müessi s itzen eifach sii, we me das nid machi, syg me sech s ds Läbe lang gröiig. Äntlech het er müesse Luft reiche. Der Iiwand, mi heig ja gar nie d Glägeheit, so öppis z trage, hei si nid la gäute u gmeint, we me kener Chleider heig für gwüssi Glägeheite, de bieti sech die o nid. Dise Wäg wär me de aber druf vorbereitet, u mi chönni ja nie wüsse, was no so aues uf eim zuechömm. Mi wüssi das zimlech gnau, het me gseit. Irgendeinisch chömi dä unweigerlech, der ganz gross Uftritt. Mi sägi das ihne dreine, itz u hie. Mi syg bereit für ne Diil u mi göngi dervo uus, dass de dä o iighaute wärdi. Si heigi z luege, dass me bi der eigeten Abdankig genau das Autfit tragi, faus me no d Figur derfür heigi. Unger dere Bedingig chönn me hie mit guetem Gfüeu e haubi Monetsränte la lige. E Handschlag het es nid grad bbruucht, für dä Handu abzschliesse, uf au Fäu het me dä Lade mit zwo Riesetüte verla, nachdäm d Frou eim di Waar zwüsche fiine Lage Sydepapiir het zämegfautet gha mit der Versicherig, dä Stoff syg absolut knitterfrei Syde mit emene chliine Prozäntsatz Elasthan u mene Huuch natürlecher Bouele u mi söu doch de di Sache lieber gä z reinige, glette müess me se nid. Diskret het si eim no nes Chärtli zuegsteckt, Ungerwösch, wo nid uftraagi, fing me zwöi Hüser wyter, das machi di ganzi Sach perfekt. U so isch men itz mit no grederem Rügge de nächschte Schoufänschter nachen u het überleit, gob s o no grad es farbigs Fular müessi sii für di letschti grossi Schou. Bim nächschte Gwafför, wo lut Ushang e Stäilischt isch gsi, isch men iche gstoche, u di drei hei sider im Bistro näbedrannen uf eim gwartet. Der jung Pursch het eim öppis Asümetrisches vorgschlage mit ere pinke Strähne. Mi het aber uf emene klassische Schnitt mit emene schöne nöie Siuberglanz bestange. D Ougsbraue het er eim o no grad zupft, das isch ja ging ender so chlei e gnietegi Sach gsi, wüu me das ohni Brüue nümme so gseh het u mit Brüue nid het chönne zupfe. Wo men isch usecho, isch me sech vorcho wi ne nöie Mönsch, u der Töbu het gmeint, o we me vilech z aut syg für bruuni Scheiche, so syg s doch nie z spät für ne kuuli Friise. O die paar hundert Fränkli hei eim nid groue, wüu me gwüsst het, dass me numen einisch läbt, u das vilech nid emau meh so lang.

Handbräms

Mi syg itze da grad e chlei im ene tumme Rank, het der Zägg gmeint, wüu me sech dä Morge verpennet heig u drum speter dranne syg aus vorgseh. Di ganzi Plaanig syg ja scho guet u rächt, het me wöue zur augemeine Beruigung biitrage, aber so nes Bitzeli Spontanität chönni ja nid schaden u sie heigen uf jede Fau we vilech nid e gueti, so doch emu e längi Nacht hinger sech. Da drüber het sech kene wöuen üssere, nume der Töbu het öppis bbrümelet, vo wägen es Bier heig öppe söfu Kaloriie wi nes Gotlett, u letscht Nacht heig er sech e chlei überässe. Mi het ddänkt, i däm Fau heigi sech d Erwartigen a ds Nachtläbe vom däm Kaff auem aa nid i jeder Bezieig ganz erfüut. Är beröi s itz eifach e chli, heig er di Sniikers nid gchouft im ganze Gjufu inne, wo men am Schluss heigi gha, het Chlöisu zu Protokou ggä, woruuf der Töbu gmeint het, es göng ja vilech no grad es Zytli bis zu siren Abdankig, bis denn heig er de di optimale Laatschen o gfunge. Spanie syg übrigens bekannt für kwalitatiif höchwärtigs Schuewärch, mi chönni ja de z Barsselona no chlei umeluege. Wo itz di Nachricht vom Tabi isch iche cho, het eim das nid wyters verwungeret, sie het öppen einisch nachegfragt, gob s eim guet göngi. Itzen aber het si gschribe, d Fuesspfleeg heig aaglütte, mi heigi der Termin verpasst. Was los syg, gob mes eifach vergässe heig. Mi het da ke gröseri Sach wöue drus mache, isch aber gliich nid drumum cho, den angere dervo z verzeue. Mi söui doch eifach schrybe, mi sygi mit ihm ungerwägs u heig nümm dra ddänkt, het der Zägg vorgschlage, das syg no nid emau gloge. U we de ds Tabi bi ihm nachebori, de chömm ihm de scho öppis i Sinn. Är heig ja nüt la verlutte, wi lang dass er uf Gschäftsreis syg. U bi ihm syg si sech s gwanet, dass är duurend i der Wäutgschicht umefurzi. Mi het innerlech gschmunzlet, we me dra ddänkt het, was äch ds Tabi derzue würdi säge, we si wüssti, dass me da mit ihrem Gieu uf der Suechi nach sim Erzüger syg. Si hätt vermuetlech nid grad Fröid gha, u drum het me verstange, dass der Zägg nüt vo dere Reis het wöue verzeue. Es syg ja de früe gnue, wenn er se vor fertegi Tatsache steui, het me gfunge. Apropo Beröie, het itz der Töbu gmacht, wi das eigetlech bi eim syg, gob s viu gäb, wo me beröii, we me scho söfu viu Läbe hinger sech heig. Das syg itzen aber e lengeri Gschicht, het me zur Antwort ggä, woruuf Chlöisu gmeint het, hie i däm Charen inne heig me Zyt zum Versoue, bis a d Gränze göngi s scho no zwo, we nid drei Stung, mi sygi ja no nid emau a Marssei verbii. Mi wüssi grad nid so gnau, wo me da itze söu iihänke, bi so mene grosse Thema. Grundsätzlech chönn me söfu säge, aus dass es im Grund gno gar nüt nützti, mi würdi beröie. Wüu erschtens syg me hingerdrii ging gschyder u zwöitens chönn me nümme ändere, wo glüffe syg. Es nützi nüt, em abgfahrne Zug hingernache z luege. Mi mües der nächscht näh, u dä göng vilech i ne ganz angeri Richtig. Ds Haadere mit em Schicksau syg eim säuber ender frömd, da machi me sech nume ds Läbe schwär für nüt. Aber das heig men o ersch mit de Jahr erfahre. So gsei me das i re groben erschte Zämefassig. De chönn me ja itze so chlei i ds Detai, het der Töbu nacheghaagget, un es het eim erstuunt, dass ne di ganzi Sach em Schiin aa würklech intressiert het. O der Zägg het ufghört mit Töggele u gseit, är heig sech ging gfragt, scho aus Gieu, gob me nid lieber eigeti Goofe hätti gha weder nume grad ihn. Genau dert chönni me guet aahänke, het me gmacht. Beröie sygi nämlech ungfähr ds Gägeteeu vo Dankbarkeit, u ds Thema Ching syg genau ds richtige Bischpiu für di Bhouptig. Klar chönni me am Umstang nachetruure, dass eim d Erfahrig fähli, Schwangerschaft, Geburt u der ganz Ratteschwanz vom Muetersii verpasst z ha. A däm Ratteschwanz hangi aber o zimlech viu weniger Schöns wi bischpiuswiis schlaflosi Nächt, Schwanger-schaftsstreifen u Hängebrüscht, Chinderchrankheiten u frächi Tiineitscher, Drogeproblem u speter Schwigersühn und so wyter. Settigs mües me bim Bilanzieren o ging mit iibezie. Mi syg dankbar, heig men ihn, der Kewin, um sech um gha u ihn gseh ufwachse, u der Vorteeu am Ganze sygi gsi, dass men ihn jederzyt heig chönnen umegä, we s eim z viu syg worde. Öppis Bessers weder es Leihching gäb s eigetlech gar nid, u we d Erzieig abverreckt wär, de wär me de emu nid tschoud gsi. Mi het das so locker chönne vo sech gä, aus hätt me s vorhär iigstudiert. Das syg e zimlech perfekti Antwort, het emu o der Chlöisu gfunge, wi s aber de i Sache Manne syg, dert syg ja vermuetlech o nid aues ging so hundert glüffe, u dass men itzen eleini syg, heig me vilech o nid grad planet. Mit de Plän syg das äbe o so ne Sach, het me wyter doziert. Es chönni aues tipptopp nach Plan loufe, we der Plan an sich aber ke usgfie-lete syg, de merk men ersch am Schluss, dass men am ene ganz angeren Ort stöii, aus me heig häre wöue. We der Plan auso us Maa, Frou, zwöi Ching u Eifamiliehüsli bestöi, de syg s vilech langsam a der Zyt, dass me dä Läbesentwurf einisch hingerfragi. Mi kenni weni Lüt, wo uf dere Basis syge glück-lech worde, wobii me Glück de o zersch einisch müessi defi-niere, aber das göng itz vermuetlech würklech z wyt. Mi heig ja de no ne längi Rückfahrt vor sech, het der Töbu gmeint u der Zägg beuftreit, sech ds Wort Glück z notiere, für dass me de wüssi, über was rede, wenn eim der Stoff sött usgah. Mi chönni ja der Begriff Zfrideheit näh, für wyterzfahre, het me gmeint. Mi heig Hüüffe schöni Momänte gha, u nume grad uf die chömm s aa. We öpper, wo eim lieb syg, eim ds Läbe schwär machi, de mües me gah, bevor me drunger lydi oder öppe no chrank wärdi. Loslaa syg e Kunscht u tüeg e Mo-mänt lang weh. Aber o dert heig s ke Sinn, öppisem nache-zgränne, wo nume no i der Erinnerig schön syg. Mi müessi

dankbar sii für das, wo me gha heig u nang heig chönne gä.
Punkt. Eleini syg s de ungereinisch wider liechter, fröhlech z
sii, we eim niemer u nüt meh belaschti u me kener Erwartige
meh müess erfüue. Aber eleini z sii syg emu o nid grad so das
Wahre, het der Zägg gmeint, u mi het chönnen usfüere, ds
Eleinisii bedütti no lang nid Einsamkeit. U solang men e
Kreis vo guete Lüt um sech heig, wo men ab u zue gärn mit
ne zäme syg, de syg das meh Wärt weder e giftegi Bezieig. Mi
söug doch nume ds Greti aaluege mit ihrem sprööden Ufträt-
te. Da sygi nid nume d Negu brüchig, d Hutt trochen u d
Haar struppig, di heigi Hornhutt uf der Oura, so wi si sech ds
Läbe lang heig müesse zur Wehr setze. Der Töbu het s wider
einisch uf e Punkt bbracht. Gob me de nid ab u zue gliich no
probiert heig, öppis Passends z finge, het ne aber gliich der
Gwunger gstoche. Da gäb s doch söfu viu Müglechkeite, sech
eine z angle, eine mit Niwo u Humor, für settigs mües me ja
nid emau meh vo Huus. Mi het scho chlei müesse schmunzle
u het itz zur augemeinenen Erheiterig es paar vo de luschtige-
re Müschterli zum Beschte ggä, ohni auzu hert intiim z wär-
de. Mi heigi aber de jedes Mau d Erfahrig gmacht, dass d
Manne d Tendänz heige, a eim blybe z chläbe. U we me sech
haut über d Jahr siner Freiheite gno heig, so syg s eim schwär
gfaue, dra z dänke, die ufzgä, u sobau me de so mene Tüp
verklickeret heig, mi wärdi mit ihm im Autag weder Tisch no
Bett no öppe ds Badzimmer teile, heig me vo so eim glii ei-
nisch nüt meh ghört. Das syge genau di settige, het sech
Chlöisu ergeuschteret, wo na der Pangsionierig deheime sygen
us em Sortimänt gno worde, wüu si nid syg z bbruuche gsi u
sech der lieb läng Tag heig wöue la bediene. Settig suechi de
när eifach öpper angers, wo ne regumässig chochi u d Wösch
machi. U we das nid funkzioniri, de göng si i ds Ussland ga
ne Frou mit drüne chliine Ching hürate, de heig si usgsorget
mit däm Stutz, wo si für di Goofen au Monet us der Schwytz

überchömi, het der Töbu nachegleit. Was ihn aber am meischten intressieri, het itzen o der Zägg afa ärnschthaft mitmischle, gob de ds Hüsli eim nie groue heig. Immerhin heig me dert meh weder d Häufti vom Läbe verbracht u mängs Schöns erläbt, da syg s doch när ender schwirig, für ne Zwöiehaubzimmerwonig, wo no nid emau eim ghöri, dankbar z sii. Das müessi är der anger Wäg umen aaluege, het me ne chönne beschwichtige. Dankbar syg me für das guete Läben a däm schönen Ort. Besser hätti me s nid chönne preiche. U we me merki, dass d Stägen u ds Putzen u d Vorfänschter u d Granium eim söfu machi z schaffe wi ne Maa, wo eim der ganz Tag nüt aus ufregi, de syg s o i der Bezieig besser, mi löng la gah. Itze mües me sech nüt meh drum kümmere, gob ds Dach rünni nach em Sturm. We d Wöschmaschine nümme loufi, de lütt men em Henen aa, genau gliich, we ds Siffong verstopft syg. D Druschinska putzi jedi Wuchen u säuber heig me plötzlech Zyt für siner Sache. Für ds Läsen u für ds Jasse, für d Fründinnen u vor auem für e Tesla, wo eim meh Wärt syg aus der ganz Mischt, wo me gliich no züglet heig. Es syg eim zimlech ring ggange, di Züglerei, vor auem wüu me gmerkt heig, wi s eim liecht u liechter wärdi. Mi syg dankbar, dass itzen är das Hüsli schetzi. Mi chönnti beröie, nie z Indie gsi z sii, het men afa ufzeue. Aber mi syg stattdesse dankbar für di paar Italiereisen u für e Garte mit Blick über d Fäuder. Mi chönnti o beröie, dass es nüt syg worde mit em Fischli. Derfür syg me dankbar, heig me der Schneebärger lehre kenne. Der Schnäbi, dä Sürmu, het der Zägg gmacht. Dä syg e kuule Siech gsi. A dä dänk er o viu u gärn. U anstatt zruggzdänke, het me dä Diskurs wöuen abrunde, syg s doch viu gschyder, mi gniessi der Momänt. We me sech s nämlech hütt richtig iirichti, de gäb s morn nüt z beröie. Drum heig s gar e ke Sinn, sech z viu Gedanke z mache u di ganzi Zyt mit aazogniger Handbräms z fahren us

Angscht, mi machi öppis fautsch. Schiinbar isch das ds Stich-
wort gsi, für dass der Chlöisu gääi het use gha. Är müessi hur-
ti schiffe, u der Töbu het ds Bäueli päcklet u isch mit em
Tesla ab. Mi chömi de churzum a d Gränze, het der Zägg no
gmacht, mi söu de luege, dass me d Uswiisen i Griffneechi
heig, u grad win er s gschmöckt hätt, hei si eim dert tatsäch-
lech use gwunke. Was zum Tonner das itz söu, het Chlöisu
gmofflet, mi syg doch hie i der Eeu u chönn ohni Schwirikei-
te vo Land zu Land. We me Schwytzer syg, nid umbedingt,
het der Töbu gmacht, u vilech lig s ja o am Hung. Dertdüre
syg men im Ussland ender es Bitzeli heiku, so vo wägen Imp-
fig u Garantääne u settigem. Mi isch froh gsi, het me das mit
em Dokter Möili no aues abklärt gha, bevor me ggangen isch,
so dass emu der Tesla nid wär ds Problem gsi. Lieber hei si
eim der Charen afa usnang näh, nume wüu eine vo dene
scharfe Drogehüng het afa aagä, was di Beamte veraalasst het,
eim d Goferen usrzuume. Am liebschte hätti me der Gring
gschüttlet, het s du aber la sii, wüu me nid no meh het wöue
prowoziere, süsch hätte si de vermuetlech no aagfange, d Ab-
deckigen abzschrube. Iipacke het me du emu wider säuber
müesse, u mi isch froh gsi, sy di nöie Chleider knitterfrei gsi,
süsch hätti men am Änd hie no ne chlyneri Szene uf ds Par-
gett gleit, eso, wi die mit de Sache sy umggange. Dass es das
itz nid o no bbruucht hätti, het der Zägg gfutteret. Itz syg der
ganz Plan totau am Arsch u mi syg de ersch im Hotel, we
aues schlafi, derbii heig er doch für ds Znacht reserwiert. Är
het sis Telefon gno u isch dervo, u mi het ne gseh motzen u
geschtikuliere, u Chlöisu het bbrümelet, we men ir Schiissi
stecki, de stöi me lieber nid näb de Schue. Wo der Zägg wider
isch zruggcho, het er sech so wyt beruiget gha, für dass er het
chönne säge, es syg aues i der Ornig, mi chönni ja de unger-
wägs öppis Chliises ässe. So chlei Tapas gäb s öppen überau, u
gross Hunger heig ja hoffentlech niemer nach däm Fisch, wo

me Zmittag no gno heig. Wo dä Kläffer vom ene Hung ging no nid het wöue Rue gä, het der Chlöisu itz no müessen auen anger Mischt us em Chare ruume, u si hei jedes Minerau- fläschli u Tschipspäckli i Ougeschiin gno. Mi het nes i ds Füdlen iche möge gönne, het es vooren inne söfu viu Küder gha. I dere Hiesicht isch der Töbu nid grad es Vorbiud gsi i Sachen Ornig, aber itzen isch emu wider ufgruumt gsi. Bim Häntschefach isch der Schäfer du schier usgraschtet, wo der Töbu em Tesla sis Bäueli het füregno. Da het di Hundefüere- ren afa lachen u gmeint, itze chömm si nache. Der Fuego heig deheime ds Gliiche, är syg äbe no jung u heigi das äuä gschmöckt. Es tüeg ere fürchterlech leid, dass men itze so Umstäng heigi gha. So het si s gseit oder öppen ähnlech, Spa- nisch het nämlech niemer vo eim chönne. Mi isch eifach froh gsi, hei si eim la gah, u chuum isch me wider i flottem Tämpo ungerwägs gsi, het der Töbu das Bäueli ufgschrubt u ne Chlumpe, wo i Plastigg isch iipackt gsi, drus use gno. Itz hätt me sech bigoscht e riesegi Tüüte verdienet, het er gmacht u sech mit em Ermu der Schweis vo der Stirnen abputzt.

Rückspiegu

E wyteri schlaflosi Nacht im ene frömde Bett het me sech wöuen erspare, wobii s weniger am Bett gläge wär, we me nid hätt chönne schlafe. Mi het nume no a deren einte Sach umegstudiert u sech gfragt, wenn u wo d Giele dä ganz Stoff äch würde wöue ga vertigge. Schliesslech syg men im Schenge-ruum, het me sech e Bitz wyt beruiget, da sygi d Todesstraaf scho lengschtens abgschaffet. Drum isch me, bevor me derzue aagsetzt het, sech no einisch hundert Mau hin u här z trääie, ohni dass me numen ei einzige vernünftige Gedanke z Änd ddänkt hätti, wider uuf. We me ds Fänschter chli het ufta, het der Strasselärme zwar der Tinitus mögen übertööne, aber mi het Angscht gha, es chömi öppe Muggen ichen oder süsch Tier mit länge Bei u Haar uf em Rügge. We me vor öppisem het Angscht gha, de isch es vor settigem gsi, vor settigem u vor der Dunkuheit. Beides isch eim uheimlech gsi, u bis itze isch me z Schlag cho dermit, auso het me ds Fänschter wider zue ta, dunku isch es sowiso nid gsi ab au däm Liecht vo der Stadt. Mi isch i d Frotteeschlärpli gschlüffe, u der Tesla het nume chlei grochset uf sire Techi, dä het überau chönne pen-ne, wenn er der Tag dür gnue isch bewegt worde, u mi isch froh gsi, isch der Töbu no hurti mit ihm i Park. Um die Zyt mües er nen öppe nümme a d Leine näh, het er gmeint, das syg der richtig Momänt, für dass dä no chli chönni umeseckle. Nötig het er s gha, stungelang i däm Charen inne het o ihn gstabig u chli ulydig gmacht. Dersider het me säuber im Zim-mer oben efange ds Pischi u ds Twalettezüüg us der Gofere gnuschet u d Chleider, di tüüre, a Bügu ghänkt. Knitterfrei hin oder här, het me ddänkt, mi het se nid eifach so wöuen im Sack la, vilech o nume, für dass me se no einisch het chön-nen aaluege. Mi isch grad e chlei erchlüpft, wo si eim das

Zimmer zeigt hei, wo ender meh e Switten isch gsi, un es isch eim fasch gschmuech worde, wo me dra ddänkt het, dass me gseit het, mi übernähmi de di Reisechöschte. We di drei angeren itzen o no so ne Luxusloosche bewohnt hei, so het eim dä Ufenthaut dahie meh gchoschtet weder es nöis Outo, u zwar nid irgend es Outo, sondern so ne chliine Hübriid vo Beeämmwee oder öppis i dere Priisklass. Das Gäut, wo men uf d Syte het gleit gha für ne Chare, faus me sech de trotz auem no irgendeinisch für einen entschide hätt, het men aber guet für das Hotel chönnen usgä, het men überleit. D Entscheidig, mi fahri nümme säuber, het me nämlech scho lenger gfäut gha, nid ersch, wo der Dokter Lädermaa gseit het, der Tescht für e Fahruswiis wäri de wider nache. Dä het me zwar jedes Mau mit Brawuur bestange, vor auem i Sache Reakzion isch me no i der Kategorie vo de unger Vierzgjährige mitglüffe. U für ds Luege het me ja d Brüue gha, wi Hüüffen angeri o. U gliich het me de druf verzichtet u dä Lappen abgä, un es het eim weniger grouen aus viu meh entlaschtet. So wi aues, wo me mit der Zyt losglaa oder usgschoubet het. O we ging vo Erbguet isch d Red gsi, isch eim de no lengschtens nid aues guet gnue gsi, für wyterzgä. Drum isch es eim wichtig gsi, dass d Autlaschte, wo sech im Louf vom Läbe so aagsammlet hei, si entsorget gsi, bevor öpper angers da derfür wär verantwortlech worde, u so het me sech vo auem glöst, wo nümm isch nötig gsi. So wi me körperlech u geischtig nadisna het abboue, het me s o mit em Materieue ghändlet, u irgendwie hätt s eim no schön ddünkt, mi hätti sech, so wi ds Hab u Guet, eifach langsam, aber sicher chönnen uflöse, bis nüt meh wäri übrig gsi. Nume gwüssi Büecher, ds einte Bääbi, d Zuckerbüchse vom Grosi u ds Portree, wo der Zägg mit drüjährig einisch vo eim gmacht het gha, het me bi auem Minimalismus nid chönne loslaa, gobschon me gwüsst het, dass genau di settige Sache bim Ruume de Liebschte de am meischte Müe wärdi mache, se z entsorge, wüu si gwüsst hei, was die eim wärt sy gsi. Di ganzi Gschicht mit der Hingerlasseschaft isch no nid z Änd ddänkt gsi, u vilech isch es o das gsi, wo eim nid het la schlafe. Dass me nämlech no nid für aues d Lösig het gfunge gha, gobschon s um ds Abschliesse ggange wär. Wi men itze da so filosofiert het u i däm stiiuvoue Zimmer umetigeret isch u i jede Spiegu u i jedes Schublädli gluegt het, wär me froh gsi, es hätt eim nach em Znacht im Outo nid no hurti gno. Es Nückli um die Zyt het zwar Wunder gwürkt, we me sech d Nacht het wöuen um d Ohre schla, das isch eim aber scho lenger kes Bedürfnis meh gsi. Deheime hätt me sech itzen es Tee gmacht, u mi het sech vorgno, mi fragi de der Töbu für nes Schübeli Gras, faus es eim no einisch eso sötti gah wi itze. D Täg sy sträng gnue gsi, no we me di ganzi Nacht lang guet pfuuset hätt. Am Wasserchocher hätt s nid gfääut, aber bis uf Örlgrei u Früchtetee hei die nüt Gschyders a Bütteli z biete gha. U so dölüx das Zimmer o isch iigrichtet gsi, so muderig usgstattet het eim d Minibar ddünkt. Mi hätti itzen ender en aute Goniagg vertreit weder es Bier us der Büchse. Immerhin het s Wasser gha mit Blööterli, wo me sech fangen einisch gönnt het. Aber das het eim no einisch meh ufgchlepft. Läse het me nid mögen u bis men im Fernseh mit sine sicher tuusig Programm eis hätti gfunge, wo me nid nume d Sprach verstange, sondern wo eim o haubwägs intressiert hätt, wär men uf em Töifpunkt gsi mit de Närfe. Us lutter Längwyli het me ds Pischi abzogen u sech i Schale gworfe, eifach, wüu me sech no einisch i auer Rue het wöue beguetachten i däm usgsproche schigge Tönü, wo me sech us emene guete Luun use da gleichtet het. Dises Mau het me sogar d Ungerwösch gwächslet, u ds Gfüeu isch no einisch es bessers gsi. We mau eine gseit het, Chleider machi Lüt, so het das tatsächlech öppis gha, u mi het sech gfragt, gob men i dere Bezieig am Änd öppis fautsch gmacht heig sis Läbe lang. Vilech wär men öp-

per angers worde, hätt me sech chli meh Müe ggä bir Waau
vo sir Aalegi u nid ging nume vor auem uf d Bekwemlechkeit
ggachtet. Aber de hätt me vermuetlech itzen o Füess mit
Fääustelig u Problem mit de Chnöi wäge de ungsunge Schue
gha. So chlei Lippestift u Schwarz um d Ouge het es no möge
lyde, ds Frisürli isch o ohni, dass me gross öppis dermit
gmacht hätt, optimau gsässe. Das syg itzen irgendwie no
schad, gsei eim niemer, isch eim dür e Chopf, u mi het uf d
Uhr gluegt. Es isch ersch haubi zwöufi gsi. En Uhrzyt, wo eim
für gwöhnlech het nachtschlafe ddünkt, im ene Luxushotel
aber isch das öppe gang u gääb gsi, dass me sech um die Zyt
no ne Schlummertrunk i der Launtsch ichezoge het. I de Fe-
rie hei ja d Lüt gärn d Nacht zum Tag gmacht oder hei fasch
ganz uf ds Schlafe verzichtet, für müglechscht viu vo ihrne
freie Täg z ha. De wär s ja ne Witz gsi, we d Hotelbar scho
hätti zue gha i so mene tüüre Eduschuppe zmitts ir Sesong. D
Schue wöuge ja de o no iitreit sii, het me sech gseit, u we o i
der Nacht aui Pischi grau syg, de gäuti das nid für ds Nachtlä-
be. Auso het me der Lift gno u ersch, wo me der richtig
Chnopf gsuecht het, gmerkt, dass men ab auem Schminke d
Brüuen im Bad het la lige. Gschei nüt Bösers, het me ddänkt
u isch nidsizue gglitte. Scho bim Iitschegge het eim di riesegi
Hotelhaue mit de iiladende Sitzegge, em Stuck ar Tili u de
Chronlüüchter schier überwäutiget. Das Huus het aute
Scharm mit Klass gha, eidüttig, u derzue e moderne Tatsch,
wo sech unuffäuig mit em Antike gmischt het. Da heig öpper
es ganz gschickts Händli gha bim Schaffe vor en Ambiangs
mit Stiiu, het me gfunge, aber aus Frou vo Wäut het me sech
das natürlech nid la aamerke, wi eim das aues töif beiidruckt
het. O itze het me probiert, müglechscht säubschtbewusst a
der Ressepsion verbyzstögelen u di richtegi Richtig zu der Bar
iizschla, bis eim isch i Sinn cho, si heigen öppis gseit gha vo re
Dachterasse, wo bis i aui Nacht iche Drinks särwiert wärdi.

Itz isch me doch usicher worde, gob me nid zoberscht ufe hätti müesse für sis Goniäggli. Wi nes Landei isch me sech einisch meh vorcho, het me doch weder gross Hotelerfahrig no Grossstadtnouhau gha. Aber schliesslech het me der Müetibonus chönne spile, so Lüt i däm Auter syge ja gärn e chlei verhürschet, het me ddänkt, auso faui men öppe nid auzu negatiif uuf, ganz abgseh dervo, dass so Etablissemang wi das dahie Wärt uf Diskrezion u Reschpäkt vor em zalende Gascht legi. Das stöng sicher so oder ähnlech im Leitbiud. Uf au Fäu het me du erfahre, dass es diwersi Bars gäbi, u mi het sech für die da unger entschide, wo mit emene Barpianischt u Pouschtersässlen us rotem Samet am erschte däm het entsproche, wo me sech het vorgsteut gha. Techno u Puulparti, wo si uf em Dach hei bbotte, wär de weniger eim Siis gsi. So isch men auso ichen i dä schummrig belüüchtet Ruum u het sech vo der ddämpften Atmosfääre la verfüeren u isch samt Klavierbegleitig a d Theke ghocket. Mi isch grad e chlei erchlüpft ab au dene Fläsche, wo da über em Barkiiper hinger a der Wang uf de Glastablärli vor em Spiegu gstange sy. Sicher über zwänzg verschideni Tschinn hei scho mau der Aafang gmacht, u bi de meischten angere het me ke Ahnig gha, um was für Schnäps dass es da ggange wär. Für em Land grächt z wärde, hätt men itzen äuä e Teggilla müesse bsteue, wobii das vilech ender z Mexiko der Bruuch sygi, isch eim no grad rächtzytig i Sinn cho. Zum Glück isch der Pürschtu hinger der Theke no grad mit em Mixe vo ender komplizierter Kockteils beschäftiget gsi, won er derfür het müessen Iisch krösche, Liggör abmässen u zäme mit Orangscheschüü u Zitronesaft scheike, für de aus am Schluss no i nes Martiniglas z siblen u paar Chrüttli zäme mit emenen Äppeeri am ne Houzstäckli z drappiere. Das het zimlech gfährlech usgseh, das giftgrüen pinke Gmix, won er da het zstang bbracht, eim het das aber weniger gluschtet. Mi hätt lieber öppis wöue, wo eim mit sym Geischt der Verschtang bbändiget hätt. Ufchlepfe het me sech de morn wider chönne. Mi het auso di Fläsche no chlei studiert, für de nid auzu blöd dazstah, we s um ds Bsteue wäri ggange, bis me gmerkt het, dass me nid emau het gwüsst, wi me Goniagg uf Spanisch seit. Das syg aber äuä en internazionale Begriff, isch me zum Schluss cho, u das het me de o fürebbröösmet, wo men isch ar Reie gsi. Itz het der Maa scharmant afa ufzeue, was er da so aues im Sortimänt hätti, mi het aber nume Bahnhof verstange. Am Schluss het er du aber gmacht, är chönn da e super Brändi empfäle. E Garlos vo der bessere Sorte. Chlei tüür zwar, aber gfüeut hundert Jahr glaageret u drum vo re Kwalität, wo me wytume chönn ga sueche. Mi het du däm Vorschlag zuegstimmt, weniger, wüu er eim überzoge hätti, aus viumeh, wüu me dä Vortrag het wöuen ungerbräche. Mi isch schliesslech dahäre cho gsi für z trinke u nid für Spirituosekund z betrybe. Wo me du das Glesli het a d Lippe gfüert, het me s scho gschmöckt, dass das Schlückli, won er eim da het iigschänkt gha, öppis ganz Bsungers het müesse sii. Dunkubruun u schier dickflüssig isch das Gsöff gsi, u we me nid gwüsst hätt, dass men itze da ungfähr driissg Stutz härebbletteret het für das Muuvou, mi hätti s grad im enen einzige Schluck hingere gläärt. So het men aber aaständig gnippet u isch froh gsi, het men o no es Glas Wasser übercho. Süsch hätt me bau nid gwüsst, was mache. Für das heig men äbe früecher groukt, isch eim dür e Chopf. Da heig men efange mau chlei chönnen im Täschli nuusche, für dergliicheztue, mi suechi ds Päckli, wo zoberscht glägen isch, när het me sech würkigsvou eini chönnen usechlöpferlen u zwüsche d Lippe stecken u hoffe, es chömi emene galante Mössiö i Sinn, eim Füür z gä. Het das nid wöue houe, so het me no einisch d Glägeheit gha, im Täschli nach em Fürzüüg z grüble, wo tatsächlech ging chuum isch z finge gsi. U we de di Zygi äntlech isch groukt gsi, sy zäh Minuten ume gsi un es het nid eso usgseh, aus würdi me sech längwyle, sondern mi het e Gattig gmacht wi ne Mönsch, wo gwüsst het, wie gniesse. Eso gseh het men itze chlei Müe gha, mit sine Häng öppis aazfa, u das isch ja üblecherwiis der Momänt gsi, wo d Lüt nach em Händi ggriffe hei, für sech e Tatsch vo Unabkömmlechkeit z gä. Aber o ds Telefon het me dobe gla, eifach drum, wüu me nid het z Gfüeu gha, dass zu nachtschlafener Zyt eim irgendöpper würd sueche. Mi het sech auso chli em Gscheh i dere Bar zuegwändet, was men im Grund gno mit em Rügge zum Trybe o hätti chönne, we men i Spiegu gluegt hätt, wo eim das zeigt het, wo hinger eim so glüffen isch. Mi het sech aber lieber umddrääit, schliesslech hei o d Goboie nid gärn ds Gscheh im Rügge gha, das Gscheh, wo aber numen us em Barpianischt u dere Gruppe Froue bestange het, wo di verwägene Drinks bsteut hei gha u i z churze Röckli z schrill glachet hei. Di hätte besser uf ds Dach uche passt, het s eim ddünkt, aber de wäri da inne de fasch ganz tote Hose gsi. Ganz hinger im Egge isch no nen eutere Mänu ghocket, u plötzlech het me tschegget, dass dä eim mit sim Glas zueproschtet het. Mi het du nach em eigete Glesli ggriffen u dä Gruess unger Autersgnossen umeggä, när het me sech wider zruggddrääit, für nid öppe no verläge z wärde. Fasch hätt me sech e chlei mögen eschoffiere, dass me sogar no im hööchen Auter isch aabbaggeret worde, u gliich het s eim es Bitzli gschmiichlet. Vilech isch es aber o numen a der Aalegi gläge, wo eim i den Ouge vom angere Gschlächt i di ghobnere Räng vo der Klassegseuschaft katapoutiert het, so dass mes derwärt isch gsi, zur Kenntnis gno z wärde. Vermuetlech isch ja dise nüt aus en Erbschliicher gsi, o wenn er schnadig het usgseh, was me so ohni Brüue het chönnen erchenne. Ds Glesli isch emu schneuer gläärt gsi weder der Durscht glösche, u mi het grad wöue zale, wo der Barkiiper gmacht het, der Tschentelmen dert hinger heig eim no einen offeriert, bevor er ggange syg. Dä heig e chli ne miisen Aabe hinger sech, heig er doch vergäben uf siner Gescht gwartet. Dass er scho tubet isch, het eim zwar einersyts schad ddünkt, es het eim aber gliichzytig o entlaschtet. Mi hätti nid rächt gwüsst, wie reagiere, wüu bim Flörten isch me mit de Jahr zimlech us der Üebig cho. D Kää hätti zwar vermuetlech interweniert, das syg wi Welofahre, settigs verlehr me nie. Ds Welofahre heig men autershauber ufggä, hätti me sinersyts a dere Steu aber müesse berichtige. So heig äben aues sini Limite. Mi het du das zwöiten edle Schnäpsli emu o no trunken u isch du när wider uche. We men itz aber gmeint het, dä Abstächer heig eim beruiget, so isch ds Gägeteeu der Fau gsi. Es isch eim grad vorcho wi sinerzyt nach däm erschte gschlossene Tanz mit em Schmutz Tömu denn a dere Parti bi Wägmüuers im Garaasch, wo eim när speter deheimen im Bett dä Song di ganzi Nacht lang nacheglüffen isch u me ds Härz het gspürt, wo gchlopfet het wi blöd, u me nid het gwüsst, warum.

Stoosdämpfer

Barsselona sygi nid e Stadt, sondern e Troum, het me die ghöre schwärme, wo scho einisch dert sy gsi. Eim säuber chömm s meh wi nen Auptroum vor, wüu me genau wüssi, dass me nie im Läbe so wytume chömi, für au das chönne ga z luege, wo s hie z gseh gubti, het me gchlöönet. Itz göng men efangen einisch ganz gmüetlech dür d Stadt em Meer zue, het der Zägg, wo nen usgezeichnete Reisefüerer abggä hätti, das Gsürmu abgchlemmt. Mi müessi nid grad aues am erschte Tag gmacht ha, für das heig är äxtra drei Nächt bbuechet, u eini aaghänkt syg de schnäu. Mi wär ja besser gluunet ungerwägs gsi, hätt me chlei meh gschlafe, aber d Giele sy em Schiin aa o nume grad zwöi, drü Stüngli ga lige, wi si verzeut hei. Uf em Hoteldach obe syg nämlech no so richtig d Poscht abggange, da heig men öppis verpasst, hei si gschwärmt. Das gloubi me itz weniger, het me chönne zur Antwort gä, aber nid verzeut, was me säuber so tribe het gha, we d Nacht läng isch gsi. Für d Archidektur syg me de vilech froh um ne kundigere Füerer, we me sech würklech dermit wöug befasse. Kunschttämple gub s de o no e Zylete, da mües me de hinech bim Znacht vilech einisch es paar Schwärpünkt setze, wüu we me da planlos druflos göng, füer das zu nütem. Itz suechi me sech zersch einisch es schattigs Plätzli u ne Tapasbar, bevor me de vooren am Hafe syg. Dert chönni me sech de entscheide, gob men uf Sehenswürdikeiten uus syg oder lieber a Strand a d Sunne wöug ga plättere. E Stadtrundfahrt syg sicher es Thema, vilech aber o der Botanisch Garte, em Tesla zlieb, het der Tätschmeischter der Tariif düreggä. Em Hung het s bau e chli warm gmacht u er isch froh gsi um jede Brunne, u der Zägg isch wärend em Ässen einisch meh di lengschti Zyt am Telefon ghanget, wärend me sech mit Fingerfuud vom Fiinschte verpflegt het. Derzue es chüeus Bierli u der Gring bim enen attraktiifen eutere Semeschter, u scho het eim o im Härz wider d Sunne möge schiine. Es hätt no mängs ggä uf der Wäut, wo me hätt müesse gseh ha, bevor me der Löffu hätti müessen abgä, het men überleit, u bevor men itze da es Züüg drum miech, gob me lieber i d Markthauen oder i d Autstadt, zur Katedralen oder i ds Museum göng, liess me sech doch gschyder vom Gfüeu u de Giele la trybe, u we me de nümme mögi, gäb s ganz e Huuffe schöni Pärk, wo me sech chönni la häre schoffiere, für eifach am enen Ort e chlei z hocken u d Bei z schoone. Für ds Znacht het der Zägg emu scho nes Restorang bbuechet gha, wo me tüpisch Katalanisch ässi. Das müessi de sii, we me scho einisch hie syg, het er gfunge, u hinech syg me siner Gescht, da wöug är de gar nüt ghöre. Di zwe angere hei glachet u gmeint, de chönni si für einisch mau so richtig zueschla, grad aus we si das nid bi jeder Mauzyt gmacht hätte. Es isch emu e länge Tag worden u am Aaben im Zimmer isch eim i Sinn cho, was me der Töbu no het wöue frage. Itzen isch es z spät gsi, mi isch nämlech eleini zrugg, mi het sech ja chönne dänke, dass di drei no grad e chlei öppis angers hei im Gürbi gha weder en auti Grosle, aber lieber het me nid dra ddänkt, sondern sech numen überleit, der Zäggg trybi di Suechi nach sim Vatter o nid grad würklech voraa, so win er sech ufgfüert het, grad aus wär me da eifach so zum Vergnüegen uf emene Städtetrip. Aber das syg ja sini Sach. Vilech chönn er ds meischte ja tatsächlech virtuell erledige, het me gfunge, was er aber o vo deheimen uus hätti chönne. Gchoschtet hätt das weniger, nume hätti de der Fannfaktor gfääut, wi s der Chlöisu usddrückt hätt. Mi hätti emu o grad nüt gmerkt vo Konzeptarbeit u Koneggschens, wo wäre gchnüpft worde für ihres aagäbleche Stardap, wo si eim im Outo hei verchouft gha. Di drei schaffi füraa znacht, het me vermuetet, sech das aber gar nid so gnau wöue vorsteue. Mi het sech ja schwär vorgno gha, sech nümme z belaschte mit Aaglägeheite, wo eim nid diräkt betroffe hei. Diräkt betroffen isch men itz aber vom Umstang gsi, dass men isch usicher gsi, gob me nach em Tuschen itze wider i di schigge Klamotte schlüüffi oder i di zwöitschönschti Garnitur. We me nämlech öppis gwüsst het, de isch es das gsi, dass me no einisch achen i d Bar het wöue ga luege, gob s da wider e Garlos gäbi u drüberii vilech no so ne schnadig Scharmöör ohni Begleitig aazträffe wär. Dises Mau aber het me d Brüue wöue derby ha. Vor Statur här hätt er eim no so pässlet, o aagleit isch er üsserscht guet gsi, söfu het men o ohni gseh gha. Dezänt, aber stiiubewusst, het s eim ddünkt, u de wiisse Haar aa hätt er vermuetlech o nes Auter gha, wo i Frag wär cho. Mi isch sech einisch meh vorcho wi der Obertiini, aber das het grad nüt gmacht. Bis uf e Tesla het das niemer mitübercho, u dä isch es ganz bestimmt nid ga umeschnure. D Frou Chupferschmied hätt sech a Gring glängt ab settigem, u d Bäbe het me ghöre gou Beibi gou rüefe. So sy d Lüt äbe verschide gsi, u genau das het ds Läben usgmacht. Mi het sech du für di zwöiti Garnitur entschide, das us ganz simple, logistische Gründ. Hätt eim der Maa vo sine letschte Tröim nämlech zum Znacht wöuen usfüeren am Aabe druf, hätt me d Schangse gha, si Garderobe no einisch z steigere. Ds petroufarbige Fular het useputzt u di ender gwönleche Hose zum schlichte Puli mögen übertöne. I de bekwemere Schue het men o weniger ghimpet. Dä Misstritt am Namittag hätti s nid grad usgrächnet itze bbruucht. Mi het sech o für e dezänter Lippestift entschide, mi het ja o nid wöuen e Faue mache, aus gieng men uf en Ufriss. U gliich het me Härzchlopfe gha wi süsch nume, we me wider einisch zum Dokter Vögeli isch ga ne Zang usenoperiere. Dä het das zwar tipptopp im Griff gha dert i siren Edupraxis, u gliich isch es ging e Sach gsi, vor auem bis de di Sprütze, wo ds Unaagnähmschten am Ganzen isch gsi, het afa würke. När isch es eim einerlei gsi, win er da mit sine Zangen u am Schluss mit de bluetige Fäde fäliert het. Mit der nötige Dosis a Schmärzmedis u liecht beduslet vo der Anäschtesii isch me de aube wider uf e Böss u heizue, u grad genau eso trümelig zmuet isch es eim itze gsi, wo men uf e Lift het gwartet. Zum Glück isch niemer ungerufe cho. Di hätten äuä ddänkt, was so nes ufbbrätzelets Müeti so spät znacht no i de Hotelgäng verlore heig. Aber o das hätti eim müessen einerlei sii. Sider wenn het s eim kümmeret, was d Lüt vo eim ddänkt hei. So isch me de auso wider nidsizue u uf si Barhocker zuegstüüret, natürlech nid ohni i Egge z schile, won är geschter ghocket isch. Dä isch leider lääer gsi, was eim grad e chli het möge der Schwung näh. Gliich het me s aber uf e Barhocker gschafft, u dises Mau het me zmingscht scho genau gwüsst, was bsteue. Der Pursch het das sogar o no im Chopf gha u het numen uf d Fläsche ddüttet u mi het glächlet u gnickt, aus wär men auti Bekannti. Är heig ja nid gwagt z hoffe, mi gsuch sech no einisch, het itz e warmi Stimm mit emene liecht französischen Aggsang näb eim gmacht, u wo me sech ddrääit het, isch doch tatsächlech dä Scharmör näb eim gstangen, aus hätt er sech us em Nüt use materialisiert, u hätt itz der Pianischt no zu Streinscherindenäit aagsetzt, mi wär sech vorcho wi im Fium. Innerlech hei uf jede Fau scho d Striicher zum Greschendo aagsetzt, wo me dä Maa chli gnöier het i Ougeschiin gno. Unbekannt isch er eim nämlech nid vorcho, u einisch meh het me ddänkt, we me vom Tüüfu redi, de chömm er. Derbii het me numen a ihn ddänkt gha, a dä Glood. Wär d Erele bi eim gsi, mi hätti se bbätte, si söug eim chlemme. Ohni z überlege het me sech itze vo däm Biud vom ene Maa la i d Arme näh, un es het eim ddünkt, er schmöcki sogar no besser, aus er usgsei. Won er wider e Schritt zrugg isch u me ne us der Dischtanz het chönne taxiere, het me müesse zuegä, dass er gauteret isch wi ne guete Wii. Dä het sicher no e Bodi gha wi ne junge Pursch, we vilech o mit chlei meh Läderhutt, so bruun win er isch gsi, was kes Wunger syg, het men überleit, wenn er siner Läbtig am Strand bbüglet heig der Summer dür. Vermuetlech heig er sech eso nid nume der Winter chönne finanziere, sondern itzen o ne nid ganz unbescheidene Läbesaabe, het me wytergspunne, u we me der Glödu voletscht no grad im Senioreheim het verortet gha, so het er eim itze eines Besseren belehrt. Trotz den ender gägeteilige Prognose heig s us däm Saniboi doch no ne Maa ggä, het me ddänkt, u wüu s eim ging no d Sprach het verschlage, het men efange mau zäme Gsundheit gmacht, u dises Mau het me ds Glesli i eim Zug gläärt u no grad es zwöits nachebsteut. När isch men überen i si Egge ga hocke, irgendwie het s eim ddünkt, mi bruuchi e Lähne, süsch hätt s eim am Änd no ab em Hocker ghoue. Ds Verrücktischte het eim ddünkt, dass sech eim si Mannegschmack i au dene Jahrzähnt nid gross veränderet het, nume dass o dä isch euter worde, so dass me nach wi vor so totau uf dä Glood abgfahren isch. Dä het sogar mit nünzgi uf eim en Aazieig usgüebt wi nes erschtklassigs Pauermagnet. Är mög sech guet bsinne, wi men ihm sinerzyt heig i ds Schileetäschli ggrännet, wäge däm angere, däm Fischli oder win er gheisse heig, het dr Glood afa verzeue. Gob da no einisch öppis drus worde syg, het er wöue wüsse. Nei, het me gmacht, u o süsch syg nüt worde, gobschon me si Lieblingsmönsch tatsächlech de irgendeinisch im mittleren Auter no troffe heig, e kuule Tüp, wo me mit ihm hätti wöuen aut wärde, nume heigi dä äbe leider du angeri Ziiu gha. Zfride worde syg me schlusäntlech aber o eleini, wobii eleini gar nid stimmi. Mi heig ja ging meh aus nume grad e Hampfele Lüt um sech um gha, wo eim uf sim Wäg uf gueti Art u Wiis begleitet heig. U der Wäg säuber chönni eim ja schliesslech niemer abnäh, u da syg s vermuetlech gschyder, we men uf eigete Scheiche stöng. Es bruuchi nämlech enorm viu für wider ufzstah, we eim öpper uf Hände treit heig u när heig la gheie, da landi me de uf em ganz herte Bode vo de Tatsache u chönni froh sii, we me sech derbii nume grad ds Härz brächi, u nid ds Gnick, u mit emene Chlupf dervochömm. Mi redi da us Erfahrig, u drum syg me du eleini wytergfahre, o we s mängisch houperig syg fürschi ggange. Aber derfür heig me ja d Stoosdämpfer u nid zletscht der Tesla. Uf jede Fau miech men ihm nid der Iidruck vom ene verhärmte Huscheli, het der Glood gschmunzlet, wi s d Art isch gsi vo Lüt, wo ging ds Lachen im Härz hei mit sech umetreit. Nid dass me mit ihm nid o hätt chönne töifgründig rede, aber mi het gwüsst, dass er ds Läbe mit Humor u müglechscht liecht het wöue näh. Emu früecher. Drum het men itzen o bi ihm e chlei nachetopplet, für z erfahre, i weli Richtig dass es bi ihm sygi ggange, u mi isch überrascht gsi, z ghöre, dass das dahie sis Deheime syg, won er sech aus jahrelange Mänätscher u speter aus Bsitzer ufbbout heig, bis er d Füerig vo däm Hotel vor guet zäh Jahr i jüngeri Häng heig chönnen übergä. Di letschte paar Jahr syge zimlech schwirig gsi, aber sider gschter göng s wider obsi. Wenn ihm aber hie u itzen öppis wichtig syg, de d Feschtstelig, är spändieri de nid öppe jeden Aaben a re schöne Damen es edus Tröpfli. We men übrigens Luscht heig, so chönn er eim morn am Namittag es Tüürli dür d Stadt aabiete. Zyt heig er zwar nid grad viu, es wär ihm aber gliich e Fröid, eim e Bitz vo sim Barsselona dörfe z zeige. Schliesslech gniessi är hie es paar Prifileegie, derdür überchiemti me de Sache z gseh, wo em durchschnittleche Turi verborge blybi. Däm Aagebott het me natürlech nid chönne widerstah, mi het nume no nid so gnau gwüsst, wi me das äch de drei Giele het wöue verchoufe, wüu men uf däm Usflug der Glood eigetlech gärn für sich eleini hätti gha, gobschon me ja gwüsst het, dass es bi ihm nüt het gä z wöue. Vilech het me ne wäge däm o nid z fescht nach

Prifaatem usgfragt, das hätti de süsch öppen eso usgseh, aus würdi me ging no uf e richtig Maa warte, o we s eine wär gsi, wo ender uf ds eigete Gschlächt fixiert isch gsi. Mi het ja scho Erfahrige gsammlet gha mitnang, o we me nie ds Bett zäme teeut het. Es gäb schliesslech gnue Froue, wo sech us optische Gründen e Maa zuelegi, Houptsach, si chönni sech mit eim brüschte, het d Bäben einisch gseit, wo si verno het, dass d Freene wider e Nöie het am Gürbi gha. E Witwer vo der attraktiifere Sorte, wo me von ihm aber scho glii einisch verno het, dass dä sech nume löi la ushaute, wüu er e mageri Ränte heig u gliich gärn wöu ga Gouf spile wi die, wo das vermögi. Der Glood het eim sis Nummero ggä u gseit, mi söui sech doch de eifach mäude, we me nache syg, är wöug itz ga lige, er mües am Morge bezyten uuf, es gäb en ender stränge Tag. De fröi s eim umso meh, dass er sech für eim chli Zyt wöug näh, het me no gmacht, bevor er ggangen isch. Irgendwie het s eim ddünkt, er traagi es Gheimnis mit sech ume, won er churz dervor syg gsi, das priiszgä, drum syg er äuä itze grad chli fluchtartig ggange, aber einisch meh het me sech ar Nase gno u sech gseit, mi söu nid i aues ging no meh ichen interpretieren aus sygi. Gschyder aus em schöne Glödu nachezstudiere, hauti me sech doch a Garlos.

Züntcherze

Em Tabi si Nachricht, d Mueter heig e Nierekolik u ligi im
Spitau, isch eim grad e chlei ungläge cho, vor auem, wüu si
gfragt het, gob me chlei zue re chönni luege, si göng ja am
Ziischti i d Ferie. Das widerumen isch eim nöi gsi, wobii men
im Grund gno weni u nüt gwüsst het vo Tabis Plän u Termi-
ne, aber immerhin söfu, dass si ging gseit het, si syg so ii-
gspannet im Gschäft, da chönn si eifach nid so guet furt. U
we si de einisch Fürabe heig, de syg da no di Wyterbiudig, wo
si müessi püffle derfür. Settig Sprüüch vo wägen Unabkömm-
lechkeit het me füraa vo de Tüpe ghört, aber mi isch nid si-
cher gsi, gob vilech nid o eleierziendi Müetere, vor auem, we
si de hundert Prozänt gschaffet hei, we d Goofen us em
Näscht sy gsi, o settegi Muschter entwickli. Znacht am eis
chönn me di Messitsch em Zägg schlächt wyterleite, het me
ddänkt, u gliich wär s besser gsi, mi hätti sech ungerenang
chönnen abspräche, wi men uf das wöugi reagiere. Mi het du
em Tabi nume söfu gschribe, mi hoffi, es syg so wit süsch aus
ir Ornig u mi lütti ar Schwoscht morn aa u gäb ihre de
Bscheid, wi me verblibe syg. Si söui sech uf ke Fau um ihres
Programm sorge, das chömm scho guet. Der Zägg het di
Nachricht weniger glasse chönnen ufnäh u gmacht, das syg e
verdammti Schiissi, das Ganze, es syg scho nid normau, dass
nie einisch öppis chönni nach Fahrplan loufe. Dä het da grad
ta a däm Telefon wi der Papscht, wenn er hätt verno, der
Liebgott sygi zruggträtte. Das het eim du grad e chlei iritiert,
wüu s ja eigetlech nume drum ggange wär, dass me hätti siner
Usreede koordiniert. Dass er itzen eim da het aagmofflet, het
eim chli stutzig gmacht am Morge früe, mi het aber ddänkt,
vilech heig o är es gröbers Schlafmanggo, de chönni s öppe
settig Reaktione gä. Bim Zmorge het er sech de emu wider so

wyt bbüschelet gha, dass er gfunge het, de miech me haut itz ds Beschte druus. Der Töbu isch mit em Tesla ungerwägs gsi u em Schiin aa isch der Chlöisu grad mit ihm, si müessi no öppis ga abkläre, het der Zägg gwüsst, u so isch me nume z zwöitehööch a däm Tisch bim Zmorge ghocket u het nüt gha z pressiere. Mi hätt itzen auso vom Glood chönne verzeue u dass men im Sinn hätti gha, mit däm en Abstächer z mache, u mi hätti gärn em Zägg si Gring gseh, we dä erfahre hätt, wän dass me hie aatroffe heig. Der Zägg aber het der Gring nid bir Sach gha u aupott uf d Uhr gluegt, u wo me ne gfragt het, gob er es Deit heig, het er nume gmacht, en Art scho, u de het er wyter a sire Schnitte gstriche, bis me gfunge het, der Anke syg itze de äuä iizoge bis uf di hingeri Syte, är chönn s doch itze mit der zwöite Schicht probiere, gob er eigetlech ging no so gärn Nutella heig. Uf das het me ke Antwort übercho, er mües i re Haubstung o gah, het er nume gseit, gob s eim öppis usmachi, we me sech hütt einisch säuber müessi vertöörle. Zum Glück het er nid ghört, wi eim e Stei vom Härz troolet isch. Mi het, aus wär s ds Normauschte vo der Wäut, was es ja im Grund gno o isch gsi, dass me siner Täg ohni Ufsicht verbracht het, du nume gseit, das syg doch nüt aus ir Ornig, mi heig sech scho lang gfragt, wenn dass sie de äntlech ihrer gschäftleche Belange wöugen a d Hang näh. Da louf äbe no nid grad aus so chugurund, het der Zägg müesse zuegä, si sygen e chli im Stress, mi heig ja ne Dedläin, wo me wöugi iihaute, drum müessi me hütt itzen einisch säuber luege, u we s eim nüt usmachi, de würdi är sech itzen abmäude, är löi de am Aabe vo sech ghöre. Was de mit em Hung syg, het me sech du nid gwagt z frage, das isch ja im Prinzip nid em Zägg si Sach gsi, drum het me ddänkt, mi mäudi sech de grad bim Töbu diräkt, was aber gar nid isch nötig gsi, wüu dä mit em Tesla churzum isch derhär cho u gmeint het, itze mües er nen eim überla, si syge grad au zäme chlei im Seich u är wöug dä Stress nid uf e Hung übertrage. No bevor me het müesse frage, hei si däm e Schüssle Wasser bbrungen u eim es nächschts Gapputschino. Mi föi mit em Zmorge no einisch vo vooren aa, het me beschlossen u i auer Rue no einisch Lachs bsteut. Schliesslech sygen ungsättigeti Omegadrüfett-süürine ds Beschte, wo me sim Körper chönni aatue, u we d Kää einisch gmacht het gha, e Körper heig me nid nume, mi syg si Körper, so het me re müesse rächt gä. U o ihrem zwöite Kredo, we men itz nid läbi, de heig me s vergä, het me probiert nachezläbe, ging, we s irgendwie grad gäbig ggangen isch. O d Kää het nid ging nume palaferet. Mängisch hei eim ihrer Gedankegäng rächt töifgründig ddünkt. Zyt chönn me nämlech weder spare no verlüüre, het si o gseit, drum spiu s eigetlech ke Roue, wi aut dass me sygi, aui chönni morn scho stärbe, drum syg s wichtig, dass es eim glingi, der Momänt z gniesse, u zwar jede. Vo den Erinnerigen oder de Wisione heig niemer gläbt, das passieri numen im Chopf. D Würklechkeit syg d Gägewart, u drum isch men o am ene Glesli Schämpis nid abgneigt gsi, u mi het innerlech ar Kää zueproschtet u dere Macht, wo im Himu oben oder süsch irgendwo het d Fäden i der Hang gha, u mi het sech bedanket für aus das, wo me gha het u isch gsi. Das sygi ds Glück, het me gfungen u d Ermu hingereglitzt, für den Armen o no chlei Sunne z gönne, un es het eim schad ddünkt, sy d Giele nid da gsi, wüu besser aus itze hätt me das nie meh chönnen usformuliere bezeigswiis grad an Ort u Steu demonschtriere. Wär der Früelig gspüri, we d Sunne dür di dräckige Fänschterschybe schiini, syg e glückleche Mönsch, het men innerlech no grad chlei wyterreferiert u das Zmorge gnosse, bis me du i d Hauen achen isch, wo du glii druf der Glood i beesche Lynehösli u mene dezänte liechte Hemmli mit churzen Ermle u der Sunnebrüuen im Usschnitt uftoucht isch. Är het sech s nid la näh, eim u der Tesla dür ds ganze Hotel z füere, u wo öpper gmacht het, Hüng sygi de da öppe nid erloubt, het er nume gmacht, dä ghöri zur Familie. När het me sech vo ihm dür d Stadt la schoffiere u är het s zstang bbracht, dass men ungloublech viu gseh u erfahre het, ohni dass me derbii müed wär worde. Leider heig er nümme meh Zyt, het er gmacht, won er eim vor em Hotel wider het usglade. Di Termine heig är äbe scho lenger abgmacht u di chönn er nid verschiebe, süsch wär s ihm es Vergnüege gsi, eim no lenger umezgutschiere. Mi het sech i der Haue vonenang verabschidet, aus würd me sech nächscht Wuchen oder so de wider begägne, es isch eim aber bewusst gsi, dass me nang müglecherwiis nie me würdi gseh. Aber irgendwie het das ke Roue gspiut. U wüu o em Glödu der Hang zur Dramatik gfääut het, isch er use, ohni sech no einisch umzträäie. U wi men ihm da so het nachegluegt, isch es o eim säuber ufggange, dass me nid mit däm het müesse haadere, wo men im Begriff isch gsi, z verlüüre, wüu me sech da derdür nume dä ganz Tag hätti versouet. So aagluegt bringi s o nüt, s em Schnäbi lenger übu z näh, dass er eim nümm heig wöue. Lieber fröii me sech drüber, dass er e länge Bitz vo sim Wäg mit eim ggange syg. Mi het sech vorgno, itz de gliich einisch uf sis Grab z gah mit emene Stüdeli Vergissmeinnicht, scho nume für z luege, gob si Pfadinamen uf em Grabstei stöi oder Schneebärger. Grad wo me sech het wöue gäge Lift chehre, het me gseh, wi der Glood dunger a der Stägen uf em Vorplatz einen empfange het, u zwar nid irgendeine. Es isch der Zägg gsi, won ihm het d Hang ggä, u im erschte Momänt isch me chlei enttüüscht gsi, het sech eim sis chliine Gheimnis glüftet. Uf e zwöit Blick het men aber chönne feschtsteue, dass dise Zägg dahie totau schnadig aagleit u sicher euter aus füfzgi isch gsi, we nid sogar scho um di sächzgi. Di graue Schläfe syn ihm irgendwie no guet cho u o di Slippers hei e besseri Faue gmacht weder di abglaatschete Täiger, wo der Zägg ging treit het. Samt de

Tschiinos un em wiisse Hemmli mit de churzen Ermlen isch das en aute Kewin gsi wi us em Truckli. Mi hätti ds Muu offe vergässe, hätt eim nid öpper aagrämplet, wi me dert zmitts im Iigang zäme mit em Hung isch im Wäg gstange. Plötzlech isch der Funke gsprunge, u im Chopf hei sech di verschidene Teili vom ene Pösel afa zämesetze. Der Glood, wo ne Zyt lang bi eim ghuset het, d Schwoscht, wo ihn o het lehre kennen u när jahrelang mit der ganze Fämeli isch uf Südfrankriich ga gämpe, ds Tabi, wo speter, wo s säuber het i d Ferie dörfe, sinersyts o ging uf e Gämpingplatz uf Frankriich u speter de uf Spanien achen isch, das aues het müessen e Zämehang ha. Dert irgendwo im Umfäud vom Glood si d Fäde zämeglüffe. Dert het vermuetlech ds Tabi dä Maa lehre kenne, wo em Zägg si Vatter worden isch, ohni dass ne je einisch öpper hätti lehre kenne. Ds Tabi het numen einisch, wo s es Glesli zwöi z viu verwütscht het gha, la verlutte, uf d Manne sygi ke Verlass, es syg de, si syge giggerig, de chönni me druf gah, dass si chömi. Ggange syge si de aber o grad wider schnäu. U itz isch er auso dert vorusse gstange. Es het ne müesse sii, em Zägg si Peer, me isch sech uf hundert sicher gsi. Dass di zwee nang derewää ggliche hei, chönn ke Zuefau sii, u o nid, dass er itz da mit em Glood öppis diskutieri. Em Schiin aa sy si sech nid ganz einig worde, eso, wi si geschtikuliert hei. Der Zägg Nummero zwöi isch du emu in en angeri Richtig dervo weder der Glood, wo zu sim Outo isch. Wär me jünger gsi, mi hätti d Verfougig ufgno, so aber isch eim nüt angers übrig bbliben, aus vor d Türen use z stah u sech probiere ds Outonummero vom Angere z merke, wo o grad zum Tor uus verschwunden isch. Zwe Buechstaben u drei Zahle het me chönne bhaute, u mi het die für sech ufgseit, so lang, bis men im Zimmer oben isch gsi u die het chönnen uf em Block notiere, wo gäbigerwiis uf em Sekretär gläge n isch. Dass es i de Hotel ging no Briefpapiir het ggä, het eim verwungeret. Itzen aber isch eim dä Umstang grad äbe rächt cho. Mi isch grad richtig im ene Züüg inne gsi, was o der Tesla gspürt het, wo eim liecht besorgt vo der Syten ungerufen aagluegt het. Einisch meh isch me sech bewusst worde, dass das Tier eim nid nume beriicheret het, sondern s gschafft het, eim o ging u ging wider obenabe z hole, we me het wöuen übersüüre. Kes Wunger het s Therapiihüng ggä, u mi hätti itzen em Dokter Lädermaa gärn grad vor Ort demonschtriert, was für ne Würkig e Hung uf ene Mönsch het chönne ha. We me sech s aber es zwöits Mau überleit het, so hätt me der Dokter Lädermaa de gliich nid hie bi sech wöue ha. Dä hätti eim vermuetlech o nid chönne wyterhäufe i dere verzwickte Sitwazion. Mi isch grad sehr uschlüssig gsi, gob me sech itz lieber umgehend bim Zägg söui mäuden oder uf eigeti Fuuscht wyterfahre. Scho nume, bis men ihm di ganzi Sachlaag erklärt hätti, wär der Anger scho lengschtens über au Bärge gsi. I Tat u Wahrheit sygi dä aber gar nid uf der Flucht, het me sech säuber müesse iigestah. Was hätti me auso wöue. D Polizei het me schlächt chönnen inwolwiere. Für Vatterschaftsaaglägeheiten isch die ender weniger zueständig gsi. Im eigete Land hätti me vermuetlech uf ds Strasseverchehrsamt aaglütte, für z frage, wi me der Bsitzer vom enen Outonummero chönni usfindig mache. Aber hie, ohni es Wort Spanisch z chönne, wär das ender schwirig worde. Auso het me müessen am Glödu dranneblybe. Dä isch der Einzig gsi, wo eim i dere Bezieig het chönne wyterhäufe. Aus wär der Namittag nid scho ufregend gnue gsi, isch men itze o no gforderet gsi, sech e Plan uszdänke, wi me der Glood no einisch i ds Hotel hätti chönne lööke. U was hätti s o für ne Grund chönne gä, ne nach däm Tüp z frage. Däm syg öppis achegheit, won er d Stägen ab syg, hätt me chönne säge. Das isch nid emau so ne tummi Idee gsi. Nume hätt me für das es Portmonee oder e tüüri Sunnebrüue, e goudegi Uhr oder es Händi bbruucht. Nüt vo auem het me grad zur Hang gha, aber mi hätti chönne säge, mi heig s a der Ressepsion abggä, de hätti me numen ir Haue müesse druf warte, bis es der Anger wär cho reiche. Mi het sech scho gseh hocke, stungelang, ganz unuffäuig mit ere Zytig vor em Gring. Vilech heig men ir letschte Zyt gliich e chlei z viu auti Krimer gluegt gha, het me der Gring gschüttlet, wo men uf ds Kanapee abglägen isch. Im Momänt chönn me sowiso nid viu tue, auso mües me gschyder luege, dass me wider chlei zu Chreft chömi, de wärdi o d Idee kreatiifer u realitätsbezoge-ner, het me gfunge, bevor men isch iigschlafe. Em Tabi si Nachfrag, gob men itz sire Schwoscht aaglütte heig, het men ersch viu speter gseh. Zum Zrugglütte het men aber grad ke Luscht gha. Z viu Bousteue, het s eim ddünkt, wo me sech parat gmacht het für ds Znacht.

Kilometerzähler

Mi isch du nach em Ässe no chlei mit em Tesla vorusen i Park, dert het me sech nid müesse förchte, so guet, wi dä isch usglüüchtet gsi. Es het eim richtig entspannend ddünkt, trotz em Lärme vo der Stadt. D Stimmig am Tisch bim Znacht isch rächt glade gsi, u für dass es der letscht Aaben isch gsi i däm Barsselona, wo men überhoupt gar nie het häre wöue, het s eim chli schad ddünkt, het me dä zäme nid besser chönne gniesse, gobschon sech au drei hei probiert zämezschriissen u sech nüt la aazmerke. Auso het me säuber o nüt dergliiche ta. Mi het nume chönne vermuete, dass da de Giele ds einten oder ds angeren i d Hosen isch, so wi si hei zur Wösch us gluegt. Zum Glück het niemer a d Hotelbewärtig ddänkt. Di wär bi dere negatiife Stimmig nid grad überragend guet usecho. Vor auem der Zägg isch närfös gsi u het ging wider uf ds Händi ggaffet, isch vom Tisch ufgstange, für de no gnärfter wider zruggzcho, u mi hätt ihm gärn gseit, är söu sech doch no chlei Zyt la, är heig ja säuber gseit, mi chönni o ne Nacht oder zwo verlengere. D Erfahrig het eim aber glehrt, dass me gschyder isch zrugghautend bblibe mit schlaue Ratschleg, settegi het er nämlech i so Sitwazionen ender schlächt chönnen aanäh. U dass me no nes Ass im Ermu het gha, het men ihm o no nid wöue verrate. Ds Schönschte wäri gsi, mi hätti ne morn chönnen überrasche. Nume het me säuber o fasch nümme mögen u we men ehrlech wäri gsi, hätt me müesse zuegä, dass der eiget Luun o grad e chli im Chäuer sygi. So aut wi hütt heig me sech no nie gfüeut, het me ddänkt, aber schliesslech syg men o no nie so aut gsi, het me dä Gedanke fertig gspunne. Tröschtet het er eim nid. Müglecherwiis sygen einisch meh d Erwartige z hööch gsteckt worde, so dass d Enttüüschig scho fasch syg vorprogramiert gsi. We men ohni

Ziiu druflos wär, het men überleit, de hätti me niene müesse häre cho. De hätti me di Reis eifach eso chönne gniesse, ohni Stress, öppis müessen erlediget z ha, bevor me wider heigöng. U itze heig me nüt erreicht vo däm, wo me heig wöue, u mi syg mit sim Latiin am Änd, was schad syg für di schöne Täg, wo me sech hätti chönne mache. Was hätti s nämlech Schöners ggä weder Barsselona im Spätherbscht, e Fisch vom Grill uf der Terassen oder ds Grüüsch vo der Brandig bim Iischlafe. Ds Glück syg e Momäntufnahm u d Unzfrideheit chömm da derdür, dass me meh wöug, aus me heigi, isch me zum Schluss cho. Äs mües äbe ging öppis useluege bi auem, het scho Ruedi aube gseit, wenn er der Gring gschüttlet het ab dene, wo ging nume sy uf Erfoug us gsi. Der Mönsch heig haut eifach ds Bedürfnis, sech z manifeschtiere, syg s i Form vo Bsitz oder vom ene grosse Wärch. Jede wöug e schöni Frou, gschydi Goofe, es eigets Ghütt, e guete Zapfen u am Schluss no ne Name, syg s i der Wirtschaft oder i der Politik. Es syg scho ging meh um ds Haa ggange weder um ds Sii. Drannen ändere chönn me vermuetlech nid viu, wüu der weschtlech Mönsch eso prägt wärdi. Emu der Maa, het me denn ddänkt. Är synersits heig ja ar Bäben o es Bankkonto hingerlaa, wo si no einisch zwöi Läbe dermit hätti chönne bestryte, we si ds Gäut nume mit eire statt mit beidne Häng hätt usggä. U scho isch me wider bim Erbguet gglandet gsi, bi däm, wo me i sech inne treit het, u bi däm, wo me het wyterggä. Es würd im Grund gno länge, es Böimli z setzen oder e Song z schrybe, beides syg speter nid gross im Wäg u biologisch abboubar, het d Kää einisch gseit. We s müessi sii, chönni me o nes Buech schrybe, u we si schriftlech so guet wär wi im müntleche Formuliere, de hätti si vermuetlech scho lengschtens dermit aagfange. Es gäb ja scho lang eso Programm mit Diktierfunkzion, het me denn du lieber nid gseit. O nid, si bruuchi nümme lenger z zöögere, u bi däm, wo sie z verzeue heig, gäb das sicher e Trilogii, vermuetlech e vierbändegi. Aagfange hätt si warschiinlech nie, u si het nume gmacht, d Liebi syg en eisytegi Sach, si chönni s gar nid verstah, wägerum da so mängs dicks Buech entstange syg. Mi het gfunge, o we si über aus angere hätti gschribe, hätt s am Änd niemeren gross intressiert, was im enen ender mittuprächtige Froueläbe so aues chönni abgah. Da fähli jede Glämer, ganz abgseh dervo, dass es mit Sex, Drogen u Rockenroll ja scho lengschtens nümm gmacht syg. U ussertdäm, hätti itz der Bützu no öppis zum Thema biigstüüret, passieri s im richtige Läbe sowiso ender säute, dass men uf ds richtige Ross setzi, was wöugi me sech da itzen emu no a ne Beschtseuer waage, wüu di Häppiänd gäb s o nume fiktiif u drum, wüu ging dert ufghört wärdi, wo d Problem ersch aaföi. A dere Steu het me beschlosse, di Überlegige uf däm Bänkli itzen o z beände, o we me no lang nid häppi isch gsi trotz dere schöne Nacht mit klarem Stärnehimu. O d Griue hei aues ggä, u öppis het gschmöckt wi ne verbottni Frucht, wo me nid kennt het. Mi isch du mit em Tesla no churz i der Bar verbii ga ne Garlos kippe, der Hung ghör zur Familie, het me zum Barkiiper gmacht, o we ne das gar nid intressiert het. Süsch isch niemer dert inne gsi, sogar der Pianischt het frei gha. Mi het uf ds Händi gluegt, weniger für d Nachrichte z tschegge, aus viumeh, für dass der Garlos no chlei lenger het möge härehäbe, aber ussert emene Wärbemeil für Träppelifte het me nüt übercho. Das syg ja no so bezeichnend, het me ddänkt. Ohni frömdi Hiuf göng s glii nümm obsi. D Uhrzyt het eim verrate, dass der nöi Tag scho het aagfange gha, u wi ne Blitz isch es eim ungereinisch i Chopf gschossen u heiss der Rügge zdürab, dass ds Tabi ja Geburi heig. Es göi einewäg i d Ferie, het me sech probiert z beruige, mi chönn ja de hurti telefonieren oder so. Das het eim zwar chlei miggerig ddünkt, grad usgrächnet itze, wo s ds Tabi so hert isch aacho, euter z wärde. Aber was het me wöue. Mi isch i ds Bad, wüu me zu dene Lüt ghört het, wo vor em i ds Bett gah o no denn hätte d Zäng putzt, we si gwüsst hätt, dass d Wäut morn ungergieng. Glücklecherwiis isch me du när iigschlafe, chuum dass men unger d Techi gschlüffen isch gsi u ersch erwachet, wo s a der Türe gchlöpferlet het. Ganz verhürschet het me der Hung use gla, i der Meinig, es sygi der Töbu. Es isch aber der Glood gsi, wo mit emene Särwiertablar isch im Gang usse gstange u eim ds Zmorgen a ds Bett het wöue bringe. Was zum Gugger är de da am Morge früe scho machi, het me wöue wüsse, un är isch um nen Antwort nid verläge gsi u het so chlei a der Gränze zum Süffisante gmeint, eufi sygi öppe nümme grad eso früech, dusse warti aui, mi söu i auer Rue das Gaffee näh u de när so langsam, aber sicher uf d Terasse cho. Ersch unger der Tuschen isch me söfu wach gsi, dass me sech het chönne frage, was är de äch emu o gmeint heig mit aune, wo warti. U gliich het me nid afa jufle, dä letscht Tag het me sech itze nid o no wöue la vercheibe. Das Schläfli het nämlech Wunder gwürkt, o we me nach em Iigreemele ging no zimlech verwuuschet het usgseh. Wo me du äntlech putzt u gsträäut isch uf di Feranda cho, si a re länge Tischete nid nume der Zägg, der Töbu u der Chlöisu ghocket, sondern o der Glood u ds Tabi, zwo wyteri Froue, wo eim d Näme nid grad hei wöuen i Sinn cho, gobschon me se vom Gseh här kennt het, när d Schwoscht u der Zägg, der euter. Aui hei si gspannt zu eim gluegt, grad aus würd si erwarte, dass men i Ohnmacht gheii. Mi het probiert, Hautig z bewahre, so wi das d Kwiin ihres Läbe lang bis zu ihrem letschte Handschlag mit der nöie Prömieeminischtere o het gschafft gha, u mi isch der Reie naa aui ga grüesse. Ds Tabi het men aus Erschti i d Arme gno u ren aues Guete gwünscht. Nid dass me se vergässe heig, het me betüüret. Ds Tabi isch i Begleitig vor Simen u der Megi gsi, ihrne dicke Fründinnen us der Schueuzyt, wi si die eim vorgsteut het. Itz isch eim es Liechtli ufggange, was di beiden angere da uf dere Reis zäme mit em Zägg betribe hei. Aus Anderkawer si die uf Mission gsi, für Tabis Geburtstag u d Terminplän vo ihrne Müetere z koordiniere. Ds Stardap heige si erfunge, hei si sofort zueggä. Für settigs syg sie lengschtens z aut. We me nämlech mit driissgi no nid wüssi, was me prueflech mit sech wöugi aafa, de setzi me no ds beschte Krautfaunding i Sang. När isch d Schwoscht dra cho, wo mit eren aagäbleche Nierekolik im Spitau hätti söue lige, u schlusäntlech het me sech dä Zäggepeer zur Bruscht gno, wo sech mit emene scharmante Französisch samt spanischem Akzänt aus Lügg het vorgsteut, aber aui sägi ihm nume Lacki. De syg der Zägg i däm Fau der Lacki Pantsch, het me zum Tabi gmacht, was seie fei e chli verläge gmacht het. Vilech het s o dermit z tüe gha, dass der Lügg se het aagstrahlet wi ne Himugueg uf Goggi. Em Töbu u em Chlöisu het men uf d Schoutere gchlopfet, wi me da so wyter um e Tisch um isch, der Zägg het es Müntschi uf d Stirnen übercho, u zum Schluss het eim der Glood i d Arme gno, süsch wär me bigoscht no zämegsacket vor lutter Rüerig. Ds Glück heig mängisch am ene chliinen Ort Platz, het me ddänkt. Mängisch hocki s aber o am ene länge Tisch i der spanische Mittagssunne. U itz isch natürlech ds grosse Palafer losggange, wär wän wenn u wie heig wöuen a der Nasen umefüeren u überrasche, bis am Schluss rein gar nüt meh klappet heig. Da bruuchi s gfeikti Vaterschaftsaaglägeheite, Drogediils u Nierekolike, für dass itz da aui zämen a eim Tisch hocki u chönni em Tabi si Geburtstag u ersch no ihres Diplom fiire, het me ddänkt. Zum Glück heig sech aui ging a Glödu gwändet, so dass är s am Schluss de heigi chönne reise, het der Zägg verchündet, u won er gmacht het, si Peer kenn er de übrigens scho nes Zytli, het er eim aagluegt, u mi isch chli rot worde. Ihm syg s natürlech es Vergnüege gsi, z gseh, wi aui je lenger, je meh sygen i ds Rotiere cho, inklusiive de Giele, het der Glood plagiert. Wenn er no einisch chönnti vooren aafa, de gloubi är, er würd es Drääibuech schrybe. U Reschii füere no grad derzue. Vilech wurd er sogar d Houptroue säuber übernäh, itze, wo s ihm wider so guet göng. Der Töbu syg e wahrhaftige Medizinmaa. Sis Mittu würki Wunder. Si Migrääne syg wägg, vo eim Tag uf en anger. No bis vorgeschter syg är ja chuum meh us sim dunkle Zimmer us cho, u wenn, de nume no am Aabe für nes Glesli dunger i der schummrige Bar, wo ds Liecht eim nid bländi. Itze füeli är sech zum Glück wi nöigeboren un er syg wider z ha für jede Seich. Vor auem di Inszenierig vor em Hotel usse mit em Lügg heig bsungerbar gfägt. So ab u zue en Adrenaliinschuub bhauti jung, het er eim zuezwinkeret u de när mit em Tabi uf ihre Geburtstag aagstoosse. Es syg de übrigens scho abgmacht, dass men ersch der anger Tag fahri, het der Chlöisu itz zu eim gmacht, wo me grad e Momänt lang nümm het gwüsst, wo zuelose. Eim isch z Sinn cho, win er voletscht no grad pralaagget het, we me nid vorbereitet syg uf bsungeri Glägeheite, de bieti sech die o nid, u drum het men itze afa strahle wi ne Meiechäfer u sech drüber gfröit, dass me sis letschten Autfit de Neechschte doch no stänglige het dörfe präsentiere. Hütt wärdi gfeschtet u der ganz Tag ggässe, packe chönni me de morn, het der Chlöisu wytergfahre, u der Töbu het gedankeverloren a Teslas Ohren umegspiut u zu eim gmacht, das syg e Sach gsi, bis si eim äntlech so wyt heige gha. Si heige scho gwüsst, dass eim kener sibe Ross i nes Flugzüüg würdi bringe. U wo me gseit heig, mi göngi niene hie ohni Tesla, heig är nume der Gring chönne schüttle. Itz chönni är das nachevouzie. Di vier Froue blybi übrigens no ne ganzi Wuche, bevor si de der gliich Wäg heireisi, wi me säuber sygi cho, het sech itze no der Zägg iigmischt, wo ohni Blöckli u Äipäd beid Häng het frei gha zum Geschtikuliere. Für öppis heig me schliesslech rökognosziert, da chönni nüt meh schief gah. Es isch eim eis Zwänzgi um ds angeren abe, nume wo du der Lacki gmacht het, mi syg de aui zämen iiglade dahie i sim Hotel, das heige der Peer u är so abgmacht, isch men us em Stuune nümme usecho. Wi der Josef zum Heiland syg der Glödu öppe nid zu sim Lacki cho, het me ddänkt u zum Töbu gmacht, mou, itze chömm eim grad öppis i Sinn, wo men eventuell chönnti beröie. Nämlech, dass me bim Glödu nid besser syg dranne bblibe dennzmau, de wäri müglecherwiis öppis meh drus worden aus nume grad di tämporääri Weegee, wenn o vilech numen es churzes Gschleipf. Was irgendwie o schad wär, het der Töbu gmacht, wüu de würd men itze vermuetlech nid genau i dere Konsch-telazion i dere Rundi hocke. Es syg scho guet, we me s löi la passiere, ohni z hert z forssiere. Es chömm ja meischtens so, wi s mües, u wenn är dra dänki, wi me vor no nid emau drei-ne Wuche dert vor em Goop usse gstange syg u bau nid heig gwüsst, was zäme schnure, de syg me doch itze mitnang e grosse Schritt wytercho. U das nid nume kilometermässig.

Pannehiuf

Wenn u wo das aagfange heigi, wüssi me ja säuber beschtens. Aber eis mües er eim itz scho säge. Dä Summer mit em Anschelo syg eine vo de bessere gsi, won er je erläbt heig, het der Glood du der Faden ufgno, wo me sech uf enes letschts Glesli churz vor den eine dunger i der Hotelbar mit ihm troffe het. D Giele sy no mit ihrne Müeteren u der Schwoscht irgendwo im Usgang gsi, für ds Zämesii i dere Stadt no chlei uszreize. Är suuffi nüt meh, het der Chlöisu eim versicheret, mi mües de öppe gar kener Bedänke ha wäg em Heifahre. Sis Adrenaliinlewel syg dermasse hööch, är wärdi sicher no zmingscht füf Nächt nüt schlafe. Säuber het s eim ddünkt, für eim syg der Tag läng gnue gsi, u wüu o der Glood mit eim einig isch gsi, het me sech de doch no hurti zämen es Schlummertrünkli wöue gönne. Mi wüssi nie, gob me no einisch wärdi d Glägeheit ha, zäme Gsundheit z mache, u itze, wo me gsung syg wi scho lang nümme meh, mües me das usnütze. Hinger im Egge het es Päärli gschmuuset, grad eso, aus hätt ihres letschte Stüngli gschlage. Bim Glood u eim wär das ja ender so chlei der Fau gsi, u gliich het me nid ds Gfüeu gha, mi müessi das vermuetlech letschte Zämesii mit Körperkontakt no intensiwiere. Mi isch nang wisawii ghocket, u der Glood het no nid emau denn nach eim sire Hang ggriffe, wo s ihm bim Verzeue so richtig a ds Läbige ggangen isch. Mi het Neechi gnue gha, rein scho nume vom Teile vo der Vergangeheit här. Sie zwee heige i dene Mönet denn chuum öppis angers treit weder di roseroti Brüue, het er auso verzeut, u zum Näscht us cho syge sie nume wäg em Sörfe u we si de öppen es Hüngerli heige gha. We si gliich es ugrads Mau chlei unger d Lüt syge, de heige si ir Disgo de gliich numen Ouge fürenang gha, da heig me grad so guet deheime chönne blybe. Wo du der Winter

cho syg u d Frou Holle heig ds Düwee glüftet, heig o der An-
schelo uuf u uf d Schii wöue. Aber är säuber syg äbe so gar
nid der Wintertüp. Uf überheizti Wonige u d Byse heig är
chönne verzichte, erstuunlecherwiis o uf en Anschelo. Mi
heig sech uf der körperlechen Äbeni usgläbt gha u geischtig ds
Troom nid so rächt gfunge. Mi syg im Gueten usenang. So
schnäu chönn das äbe gah, aber so schnäu heig är sech nüm-
me wöue binge. Ds Einzige, won är uf d Duur a sire Syte mög
verlyde, sygi d Freiheit. Wüu die eim aus erloubi. Mit der
Sunnen im Gsicht u chlei Rüggewind derzue syg das ds Läbe,
won är bruuchi, heig er gmerkt. När syg er i das Hotelbisness
iche glaueret, schliesslech chönn me nid siner Läbtig lang der
Saniboi mache, irgendeinisch, spetischtens so ab de vierzge,
würki das de ender lächerlech. Vilech heig ihm dertdüre d
Gontschita d Ougen ufta, das syg e Gueti gsi, so ne Bodestän-
degi. Di heig ihn ging so chli a eim gmahnet, so bring u gliich
so fräch u derzue mager wi nes Ougschtechatzli. Es Kompli-
mänt syg das itz nid grad, het me ddänkt, u gliich het s eim
gschmiichlet, dass me bim Glood em Schiin aa sinerzyt e bly-
benden Iidruck hingerla het. U de heige si de tatsächlech
zämen öppis aagfange. Zersch rein uf der prueflechen Äbeni,
u mit der Zyt syg s de uf ene Versuech useglüffe, ds Freizyt-
programm i däm ender troschtlose Hotelbunker a der Go-
stabrawa, wo si dennzmau zäme tschoppet heige für ne miise
Zapfe, müglechscht erfröilech z gstaute. U so heig me de haut
di einti oder angeri Nacht nid numen uf der Tanzflechi, son-
dern o zämen im Näscht verbracht. Es sygi um ds Probiere z
tüe, heig s ihn ddünkt. Aber är, der Lööu, wo sech ds Läbe
lang nie mit Verhüetig heig usenanggsetzt, heig de ar Gon-
tschita tatsächlech es Ching aaghänkt. Das syg ihre wursch,
gob är di Vatterroue wöug übernäh oder nid, heig si nume
ganz pragmatisch gmeint, si chömi tipptopp z Schlag eleini,
Houptsach, er zali aaständig, was är när o gmacht heig. Z tüe

gha mit sim Fisu heig är ersch, wo der Lacki sech entschide heig, es Praktikum bi ihm a der Gotasüür z mache. A däm Ort, wo o d Schwoscht u ds Tabi regumässig iitschegget heige, für im Herbscht no chlei a ds Meer z cho. U da derbii heig de haut ds einte ds angeren ergä, aber dass sech zwüschem Lügg un em Tabi öppis aabahni, heige di beide nid a di grossi Glogge ghänkt, vermuetlech syg das o ke so grossi Sach gsi oder öppis, wo hätti Zuekunft gha. Di syge ja wi Hung u Chatz, syg me ging der Meinig gsi, we me di zwöi zäme erläbt heig. E Versuech heigen aber auem aa o di beiden ungerno, we o nid mit meh Erfoug us är säuber. Das ligi womüglech i de Geen, dass me s nid zum praktizierende Vatter bringi, het der Glood beduuret, mi chönni nume hoffe, der Kewin heigi das verwachse. Ersch wo d Gontschita gstorbe syg, heigen är u der Lügg ärnschthaft zämen afa gschäften u gmerkt, dass sie zwee nid emau so schlächt zäme giigi. Der Kewin sinersyts heig ja vo sim Peer ersch öppe vor emene Jahr erfahre, wo du ds Tami nümm angers heigi chönnen aus äntlech fürezrücke mit der Wahrheit. U der Lacki heig vo sim Suhn abgseh dervo o gar rein nüt gwüsst, wüu ds Tabi eifach irgendeinisch nümme syg i d Ferie cho, scho gar nid uf Spanien ache. Gseit heig si nie nüt, wägerum. Der Lügg heig nid emau je einisch e Rappe zaut a Alimänt. I dere Hiesicht heig dä si Übername de auso nid verdienet, der Zägg, het me gschmunzlet. U vo däm här syg s scho no schön, dass da itz niemerem nüt nachetreit wärdi. Der Kewin sygi abgseh dervo ganz e flotte Cheib, het der Glödu gmeint, u da heig me ja säuber nid grad weni derzue biitreit. Fasch, dass es eim wär piinlech worde, win er da so grüemt het, aber eso, wi me mit de Jahr het glehrt gha, mit Kritik umzgah, het men o gwüsst, wi men es ehrlech gmeints Lob het chönnen aanäh. Mi het drum em Chäuner gwunke für ne nächschte Garlos, wo me dermit het chönnen aastosse. Es syg ja stotzig obsi mit ihm, het der Glood wytergfahre. Das

Hotel dahie syg Ching u Familien u aues gsi für ihn, meh heig är nie bbruucht für glücklech z sii. Bis du vor paarne Jahr das mit dene Migräänenattagge heigi aagfangen un är vo eim Tag uf en anger nümme syg betriebstüechtig gsi. Das heig ihn regurächt us em Verchehr zoge, für nid z säge, us der Bahn gworfe. Der Sinn vom Läbe heig är nümme gfunge, bis er vor paar Mönet vo däm Mittu verno heig, wo der Töbu am Experimäntiere syg. Der Zägg heig vo däm verzeut, u dass är das wöugi usprobiere, ghouen oder gstoche, syg für ihn ganz klar gsi. Mit däm Gringweh heig är s nümm usghaute, u wenn er ab däm Mittu müessi stärbe, de syg das ging no besser, aus mit emene settige Gring müesse z läbe, heig är entschiden u dä ganz Plan afa schmide. Dass es ke legaale Wäg gäb für zu der Medizin z cho, heig er da derbii vo auem Aafang aa gwüsst. We der Medizinmaa himself sis Poufer itz aber de löng la padäntiere, wärdi s iisi, zu däm z cho, u de sygi der Töbu e gmachte Maa. Das isch itz eim sis Stichwort gsi, für em Glödu z biichte, wi me der Töbu ungerschetzt u für ne chliine Diiler ghaute heig. Dass sis Gras schier Wäutklass syg un är das mit gheime Subschtanze, won er bi sich im Labor heig entwicklet, ufgwärtet heig u uf em beschte Wäg syg für nen offizieui Zuelassig, wär eim ja im Läbe nie i Sinn cho. U dass der Töbu so ne kuule Tüp syg, wo über eim siner Vorurteeu nume heigi möge lachen u mache, es paar Jährli Chischte heig me da bi dere Schmugglete scho müessen i Chouf näh, heig nen eim no einisch la sümpatischer wärde. U won er du gmacht heig, si heig ja nid grad angfärt usgrächnet eim, es euters Müeti, zum Mitfahre wöue gwinne, hätti das der Aafang von ere wunderbare Fründschaft chönne sii, hätt me no der Wiiu gha für nöii Fründe. Mi heig eifach gstuunet über di ganzi Logistik vo däm Fährtli uf das Barsselona. Der Glödu het gnickt. Di Sach heig eifach denn afa us em Rueder loufe, wo aui gmeint heige, si schmöck der Pögg, u drum o no grad chlei öppis heige zur augemeine Verwirig müesse biitrage. So ne Nierekolik oder unverhofft planeti Ferie wäre itz nid grad ds Nötigschte gsi. So syge die äbe, d Schwoscht u ds Tabi, het me gwüsst. Dene syg s nid woou, we si ihre Sämf nid o chönni derzue gä. U grad, wo me vo ne gredt het, sy si i der Hotelhauen ufgchrützt. Nid dass me se gseh hätti. Aber ghört het me se guet, wi si em Lift zue sy. Für eim syg s o Zyt, dass men ungere chömm, het me gfunge, was em Tesla sis Stichwort isch gsi, für sech z strecken u sech vom Glood es letschts Mau der Buuch la z chräbele. Es het nüt Wyters z säge ggä weder uf Widerluege. Wenn u wo isch da derbii totau zwöitrangig gsi.

Froschtschutz

Usnahmswiis hei o di zwee vooren im Charen einisch Rue ggä u sy mit ihrnen eigete Gedanke söfu beschäftiget gsi, dass men erstuunlecherwiis so öppis wi Konzentrazion het möge gspüren i däm Outo. Es het mängs ggä, wo het wöue verdouet sii, o we ds Zmorge scho nes Zytli hinger eim glägen isch. Der Zägg het einisch meh wi ne Lööu i sis Büechli gschribe, mängi Syte het er nümm grad gha, won er no hätt chönne füue mit sire Bilanz vo deren Akzion. Aber mi isch ja uf em Heiwäg gsi u het mit guetem Gwüsse chönne bhoupte, di Mission syg i jeder Hiesicht erfougriich verlüffen u göng am ene befridigenden Ändi zue. Am Änd föi aues wider vo vooren aa, isch eim dür e Chopf, u irgendwie het dä Satz eim möge beruige, ohni dass me si Sinn gross hingerfragt hätti. En unzfridenen Iidruck het o der Zägg emu nid gmacht, o we s eim ddünkt het, är heig chli gautet i dene letschte Täg, vilech syg er aber o nume chlei riifer worden ab auem oder heig eifach e chlei z weni Schlaaf verwütscht, het me ddänkt, was ihm aber notabene no rächt guet isch cho. Mi het sech einisch meh gfragt, wägerum eso ne schnadige Pursch, win är einen isch gsi, nid scho lengschtens eini oder einen a der Syte het gha. Aber ging, we ds Gspräch o numen aasatzwiis i die Richtig het wöue loufe, het er abgwedelet u gmeint, mi vernähm s de scho, we s eso wyt syg. D Outobahn isch fasch läär gsi u der Chlöisu het nid viu z tüe gha mit Stüüre, u der Töbu, wo nawigiert het, isch ab auer Ungerforderig schier iipennet. Us Solidarität zum Fahrer het er sech s de aber verchlemmt, wi me gmerkt het, wüu er ging wider zämezuckt u pouzegredi häreghocket isch, ging denn, we s ne het wöue näh. Mängisch het si Blick eim troffe, wenn er i Rückspiegu gluegt het, für sicher z sii, dass ne niemer verwütscht heig, drum het me de ging hurti wägg gluegt, bevor er gmerkt het, dass me s gmerkt het, wi s ne het wöue näh. Der Einzig, wo würklech töif u fescht pfuuset het, u das mit guetem Rächt, isch der Tesla uf eim sine Bei gsi. Ab u zue het er entspannt gröchlet, wenn er nid grad es Zucken i de Bei het gha, wüu er im Troum äuä wider einisch het müessen e Chatz ufboume. Es Bitzli het er gsaberet, u der warm Söifer isch eim uf d Oberschänkle glüffe, was eim nüt usgmacht het, solang me nid het müessen ufstah. Das hätt de ke Faue gmacht, mit so nasse Hosen öppe no i nen Outogrill z müesse, aber hie z Frankriich kenni eim ja schliesslech niemer, het me sech gseit. Im schlimmschte Fau hätt me Hose gha zum Wächsle, gobschon me sech i dene bbluemete vom Märit de gliich e chlei schiniert hätt i dene nördlechere Breitegrade, di wäre vilech nid viu besser aacho weder di nasse. Es isch ja ging ds Gliiche gsi mit dene Chöif im Ussland. Di hei deheime de auben irgendwie nümme so zum Ambiente passt, wo me sech üblecherwiis drinne bewegt het, u so si de di meischte Chleider, ohni dass me se o numen o no einisch treit hätt gha, i d Brockestube gwanderet, wo se de vilech öpper gchouft het, wo mit emene chliine Bütschee het wöue Feriestimmig generiere. Bim Wii isch es grad ähnlech gsi. Deheimen isch er suur gsi wi ne Moore, o wenn er eim am Strand no so süffig süess isch iigfahre. Ds einzig Feine het eim dä Schnaps ddünkt mit em Grashäumli drin, e Wodka us em Oschte, wo eim der Frutschko ging het mitbbracht, wenn er vo sine Bsüech i sir aute Heimat isch heicho, wüu me vor gfüeute hundert Jahr einisch zu sine Granium im Schrebergarte gluegt het u zu de Bohne, wo men ab u zue isch ga abläse. Zu viu meh u no paar Härdöpfle het s der Frutschko nie bbracht, u mi het der Verdacht gha, dä heigi dä Garten o ender meh nume wäg em Hüsli, won er mit sine Koleegen am Füraaben i auer Rue het chönne jassen u griliere. Uf jede Fau het me vo denn aa au Jahr eso ne Fläschen übercho, u vilech het eim dä Wodka o nume drum so bsungers ddünkt, wüu me ne nie a sim Härkunftsort probiert het gha. Dert isch er vermuetlech no hundertmau süffiger gsi weder deheimen am Chuchitisch oder dusse vor em Hüsli, wo me ne auben einisch mit em Schnäbi zäme teeut het. Ungereinisch het me sech zuegluegt, wi me so ne voui Guttere vo genau däm Wodka het i Rucksack packt, für se mitznäh zum Glödu, wüu men o mit ihm sider Jahr u Tag ging guet het chönne schnapse, was sech einisch meh zeigt het mit em Garlos. Dass me säuber uf der Kippi isch gsi, für nes Nückli z näh, isch eim grad no so am Rand vom Wachzuestang bewusst gsi, bevor me sech sim Troum so ganz u gar het häre ggä. U wo s het afa schneie, het me sech nid öppe zrugg i d Realität biimet, mi het s la passieren u isch im Gägeteeu ender gspannt gsi, was eim ds Ungerbewussten i däm Momänt het z biete gha. Uf jede Fau isch me ga d Winterstiflen us em Chäuer reiche samt de Häntschen u der Chappe. Zum Glück het der Tesla kes Mänteli bbruucht, so wi au angere Hüng, wo ne Garderobe hei gha nüt Schöners, vom blinkende Hausbang über ds Gstäutli us der Edubuttig, vom friesische Rägemänteli über ds wattierte Dounejäggli bis zur Swaroffskileine. Settigs hätti s bi eim nie ggä. Der Tesla het sech emu deschtwäge nie beschwärt, u mi het gwüsst, dass är aus Hung sech nüt us Üsserlechkeite gmacht het. Ihn het sis edle Wäse gadlet. Da het er kes Luiwüttongtecheli bbruucht, u säuber het men o chönne derhär cho, wi me het wöue. Ihm isch das nämlech so öppis vo gliich gsi, gob me mit ihm im usgliirete Pischi oder mit emene Loch im Puli komuniziert het. Nume der Kunschtpeuz het er nie guttiert. Da het er eim ging aagchnuret, o we men ihm sicher bereits hundert Mau het gschwore gha, für dä heig kes einzigs Tier müesse ds Läbe laa. Är het der Sach nie chönne troue. U wäg dessi isch er eim no einisch lieber gsi. Was zeut het zwüschen eim u ihm, isch sowiso di inneri Verbindig gsi, u di isch stercher gsi weder jedi Goudchötti. Wo me du auso parat isch gsi für us em Huus, het di Stöipete vorusse grad so richtig aagfange, was eim komischerwiis nid emau so hert verwungeret het, gobschon s ja irgendwie nid grad d Jahreszyt wär gsi für settigs. Vermuetlech hätt me s lutt em Dokter Fröid aus Sinnbiud für e Winter vom Läbe müesse dütte, aber settigs Psüchozüüg isch eim o itze nid grad zvordersoht gsi. Der Tesla het voruse wöue, u mi het ihm e Spazottu dür e Schnee so richtig möge gönne, ganz abgseh dervo, dass me het zum Glödu wöue. Lieber het men auso d Hustür bschlossen u gluegt, dass men em Tesla het nachemöge, wo scho mit höche Gümp voruus isch, wi ging, we me zäme vo Huus isch. Hüng hei sech äbe no am Autägleche möge fröie, u einisch meh het me sech es Bischpiu gno a ihm u isch ihm hingerdrii, so guet dass es ggangen isch, ohni dass me wär i ds Rütsche cho. D Stäcke het me natürlech wider einisch deheime la stah, weniger, wüu d Kää ging gseit het, Mönsche mit Stöck, o we si no so sportlech disäint syge, auso d Stöck, sygen eifach so öppis vo nid sexi, da chönni si no so flott derhär cho, auso d Mönsche. Nei, mi het sen einisch meh eifach schlichtwäg vergässe, gobschon si jederzyt griffbereit näbe der Türe wäre gstange. Mi het s no z weni verinnerlechet gha, dass si eim würklech e Hiuf wäre gsi, vor auem, we s glatt isch gsi. Es hätt eim ja würklech nüt z tüe ggä, em Schänkuhaus e Fröid z machen u sich säuber en entspannte Gwaggu z gönne. Us em Auter für sexi z sii isch me lengschtens dusse gsi, we de das überhoupt je einisch es Ziiu wäri gsi. Aber für umzchehren isch der Tesla scho z wyt ewägg gsi, mi het ne nid no einisch möge zrüggpfiiffe, für das hätt me nämlech müesse d Häntschen abzie. Auso isch me wyter u het sech ggachtet, wo me häre steit. Wo s du plötzlech ging stotziger isch worde, het me sech o über das nid verwungeret, sondern drin es Sinnbiud für d Beschwärlechkeit im Auter gfunge, u irgendwie het me drüber müesse schmunzle, wi me no im Troum si Troum grad loufend ddüttet het. Der Fröid hätt da si Fröid dranne gha, isch men überzügt gsi, u der Bützu hätti äuä gmeint, wenn er settigs no hätti chönne reflektiere, es mües doch nid ging grad psüchologisiert sii, wenigschtens bim Penne möchti är nid o no müesse dänken u hingerfrage. Nid dass nid o är ab u zue wär i d Töifi ggange. Aber wenn är unger d Oberflechi gluegt het, de het er de schonigslos ds Mässer chönne ichelaa. U das totau us em Buuch use, eso, dass me gspürt het, dass da öppis Wahrs het müesse dranne sii. Meischtens het er si Filosofii aber i ne lapidare Spruch verpackt, so dass es eim ersch e Haubstung speter taget het, was er eim eigetlech het wöue säge. Aber der Bützu isch ja itz nid ds Thema gsi, sondern der Glood, wo em Schiin aa irgendwo i der Pampa usse am ene Hoger obe gwohnt het. Der Tesla het der Wäg emu kennt, u mi het nume sine Spuren im Schnee nache müesse. Mi isch derbii fei i ds Schnuufe cho, was eim aber guet ta het nach dere ganze Zyt i der dicke Stadtluft vo däm Barsselona. Da syg men i der Schwytz de scho fei guet bedient, isch eim dür e Chopf, u mi het sech fasch e chlei schiniert, was für bbluemetrögleti Heimatgfüeu eim itz plötzlech dür e Gring sy. Mi het d Landschaft afa gniesse, d Stiui vom Waud u ds Schüümli Schnee, wo uf den Escht vo de Tannen isch blybe lige. Nid viu hätt s bbruucht, un es wär so öppis wi Wienachtsstimmig ufcho. U das scho Mitti Oktober. Da syg me ja für einisch sogar de Grossverteiler u ihrem Sortimänt e Schritt voruus, het me für sich glachet. Der Tesla het me wyt voruus ghöre bäue, vermuetlech isch ihm es Reh begägnet, won er ihm gärn nache wär. Aber o är het siner Gränze fange kennt, u drum het er sech uf sini grossi Schnure beschränkt, für der Tariif dürezgää. Grad unkomentiert het er nämlech siner Begägnige de o nid wöue laa. U so isch me wyter u isch fei i ds Schwitze cho, so stotzig, wi s obsi ggangen isch. Grad schampar schnäu isch me nid fürschi cho, aber mi het ja ke Zyt abgmacht mit em Glödu, drum het es ke Roue gspiut, wi lang dass me bbruucht het, für zum Ziiu z cho, u einisch meh isch me sech bewusst worde, dass je lenger je meh der Wäg an sich ds Ziiu isch gsi. No säute het men e Spaziergang i dere Form gnosse, so mueterseeleneleini i däm Waud, wo eim niemer gsuecht het, wüu s kes Müesse het ggä. Nüt u niemer het eim tribe, ds Tämpo het me säuber gmacht, u we s eim um ds Stiuha isch gsi, de isch me blybe stah u het i d Stiui glost u d Rue la würke. So müesst is mit eim z Änd gah, het me ddänkt. Mi müessti chönne gah, indäm me sech eifach verlüürt im Nüt u sech uflösti, zmitts i der Natur usse. Em Tesla sis Gekläffe het eim du wider zrugg i d Würklechkeit ghout. Mi het e Schatte gseh verbyflitze u churz drufaben e zwöite u ne dritte, hingerdrii der Hung. Bi drüne Reh het er der Versuechig auem aa nid chönne widerstah, u mi het nume chönne hoffe, dass am Ändi d Vernunft si Jagdtrieb würdi möge brämse. Aber o der Tesla het mängisch vergässe, wi aut dass er eigetlech isch gsi, u mi het ihm sis Fröidi möge gönne. Er isch zdürab gsirachnet wi ne Bbissne, u mi het ihm nachegluegt u ne la Hung sii. Bis me ne du plötzlech wyt ewägg het ghöre weissele wi am Spiess. U när isch es stiu gsi. Z stiu, het me ddänkt. Mi isch du säuber bärgab i die Richtig, won er häre verschwunden isch, u irgendwie het me gwüsst, das aues Rüefe u Pfiiffe i däm Momänt nid viu Sinn hätt gha. O pressiert het me nid. Der letscht Wäg bruuchi si Zyt, isch eim dür e Chopf, u o das het me nid wyter reflektiert. Es isch e Tatsach gsi, wo ke Widerspruch het nach sech zoge, u us em Schneetryben isch ungereinisch e Gstaut uftoucht. E grosse Maa i dunkle Chleider, mit schwäre Stiflen u der Chappen im Gsicht. Uf den Arme het er öppis treit, wo het usgseh wi ne Hampfele Hudle. Dass das der Tesla isch gsi, het me gwüsst, no bevor me ne würklech erchennt het. Dass der Maa aber der Schnäbi isch gsi u nid der Glood, isch irgendwie chlei komisch gsi. Der Glödu syg ja nid so der Wintertüp, het der Schnäbi gmacht. Drum chömm är itz eim cho abhole, het er wytergredt, was eim du widerume nid verwungeret het, so mängisch, win er eim früecher ging isch entgäge cho, we men uf em Heiwäg isch gsi oder eim isch cho abholen a Bahnhof, für dass me nid eleini dür d Fiischteri oder d Cheuti het müesse heizue loufe. Won er eim itze der Hung het i d Arme gleit, isch me zämen a Boden use ghocket. Der Tesla het no schwach gschnuufet, u mi het ne uf siner Bei bbettet, so guet dass es isch ggange, u mi het gspürt, wi sis warme Bluet eim uf d Hose glüffen isch. Mi het ne gstriichlet u het gmerkt, wi weich u entspannt dass er isch gsi. Auem aa het ihm nüt wehta, u wi ging, wenn er chli het ghechlet, het er es Lächlen im Gsicht gha. D Ouge het er nümm ufta, u so isch er du schliesslech iigschlafe. Vo der letschte Jagd diräkt i di ewige Jagdgründ, het me ddänkt, un es het eim no schön ddünkt, dass er eso het chönne gah u dass si letscht Gump vo eire Wäut i di angeri vo Öiforii isch prägt gsi. Vilech si eim gliich chlei d Tränen abeglüffe, emu het der Schnäbi eim der Arm um d Schoutere gleit, nachdäm er eim der Rucksack het abgno gha u d Fläsche het drusgno. Abwächsligswiis het me när Schluck um Schluck dä Wodka trunke, wüu der Schnäbi gmeint het, so chlei Froschtschutz chönn nüt schade, u d Cheuti het ke Schangse gha, sech i eim iiznischte. Zuesätzlech het der Schnee eim meh u meh zueddeckt, u d Spuure, wo me hingerla het, sy eis worde mit der Natur, o säuber isch me verschmouze mit der Landschaft u het sech langsam afa uflöse. Di Zyt syg itzen im enen Affezang verbii, het me ddänkt, u der Schnäbi het me ghöre mache, di Sach syg itz de öppe ggässe. Es het kes einzigs Wort bbruucht, für dass me sech verstange het. So schön stiu u iiträchtig wi säuten einisch isch me dert versunke binenang ghocket u het zueglost, wi s gschneit het, u zäme het me der

Fride gha. Meh het me nid bbruucht, u ne grossi Dankbarkeit u ne wunderbari Lääri het sech eim ufta. U wo me der Zägg vo ganz wyt ewägg het ghöre mache, mi sygi de im Fau deheime, het me ke Momänt da dranne zwiiflet.

Bei Zytglogge erschienen

Stef Stauffer
Marthas Gäste

Roman
ISBN 978-3-7296-0934-1

Martha erinnert sich. An ihren Mann, an ihre Brüder und Schwestern, an die
Eltern und die Kinder. Martha erinnert sich an die vergangene Zeit, als die
Verwandtschaft bei ihr im Haus ein- und ausging und sie am Stubentisch de-
ren Geschichten erfuhr. Die kann sie heute noch alle erzählen. Etwa die, wie
der Hermann Mechaniker werden wollte, weshalb das Friedi Schulden hatte,
oder warum der Adolf nie geheiratet hat. Das weiss Martha alles noch. Wel-
cher Tag heute ist, das weiss sie nicht. Auch nicht, ob sie bereits gegessen hat
oder warum die Tabletten schon wieder fehlen.

So alltäglich die geschilderten Episoden auch scheinen, steckt in jeder Ge-
schichte doch eine Prise Enttäuschung, ein geplatzter Traum oder ein Ereignis,
welches einen Einschnitt in der jeweiligen Biografie bedeutet. Es geht um Geld
und Liebe, Tod und Zukunftspläne, Familie und Freundschaft. Eine exempla-
risch anmutende Familiengeschichte in der Berner Landschaft der 1910er- bis
1990er-Jahre entsteht. Stef Stauffer lässt die dienstfertige Martha derart unge-
hemmt erzählen, dass Martha die schillerndste Persönlichkeit des Hauses wird.

Bei Zytglogge erschienen

Stef Stauffer
Hingerhang

Roman
ISBN 978-3-7296-0994-5

Den Regeln und Weltanschauungen der Erwachsenen traut die in ungebremstem Redeschwall erzählende Heranwachsende erst einmal nicht. Den Alltag in der Familie und das übrige Universum analysiert sie pointiert und mit gleichzeitig unleugbarer Liebe zu dem, was um sie herum geschieht. Durch Abgrenzung versucht sie ihren Platz zu erobern, am besten, indem sie so oft wie möglich ihre eigenen Wege geht. Auf dem Hof der Bieris ist sie ungestört, obwohl hier erst gearbeitet wird, bevor man reiten kann. Aber auch hier, so merkt sie, muss sie sich behaupten, man will ja nicht ignoriert werden. Bützu, der Stallbursche, hilft ihr dabei.

Ein hin- und mitreissender Mundartroman über den ganz normalen Wahnsinn des Heranwachsens und über eine ungewöhnliche Freundschaft, temporeich gegen den Wind erzählt.

«‹Hingerhang› isch es Buech für ds Härz u für e Gring. Aber vor auem ou für ds Zwärchfäu. Bi bim Läse meh weder einisch schier verreckt. D Stoufferstef, die schrybt so, wi mir hie schnure, u verzeut Gschichte, wo me hie haut so erläbt. Huereguet im Fau.»
Büne Huber

Bei Zytglogge erschienen

Stef Stauffer
Bluescht

Roman
ISBN 978-3-7296-5036-7

Wozu wird man erwachsen? Ganz sicher nicht, um sich in der ersten eigenen Wohnung von einem Mann sagen zu lassen, wo Aromat und Nutella zu stehen haben. Die namenlose Protagonistin pfeift auf gute Ratschläge anderer. Ausser vielleicht, sie kommen vom klugen Fräulein Mettler im Altersheim.

Die wirklich guten Männer sind immer schon vergeben, findet ihre Kollegin Kää. Vielleicht zieht es ihre Freundin Büse deshalb in die Dorfbeiz zum verheirateten Wirt? Die Protagonistin selbst wendet sich lieber dem sauren Weisswein zu, der mit jedem Schluck etwas süsser schmeckt. Ob das bei Männern auch so ist?

«Mit ihrem ureigenen Sound reiht Stef Stauffer sich auf Anhieb unter die ganz Grossen der Mundartliteratur ein, ihr Erzählen ist hinreissend musikalisch, tief berührend und zum Kaputtlachen komisch.
Bänz Friedli, Autor und Kabarettist

Bei Zytglogge erschienen

Stef Stauffer
Chräiefüess

Roman
ISBN 978-3-7296-5064-0

Wer die Wahl hat zwischen Stimmungsschwankungen und Johanniskraut, Gewichtszunahme und Fastenkuren, Falten und Botox oder Bluthochdruck und Herzklopfen, findet nicht selten Trost bei einem Stück Schwarzwäldertorte oder zwei. Gegen Hitzewallungen hilft ein Gläschen Prosecco auf Eis, und um alte Gewohnheiten über Bord zu werfen und zu neuen Horizonten aufzubrechen, gibt es nichts Besseres als eine Kreuzfahrt.

Die mittlerweile lebenskluge Protagonistin, die bereits die Klippen der Pubertät geschickt umschifft und bei der Partnersuche manchem Sturm stoisch standgehalten hat, stellt sich ihrem körpereigenen Klimawandel in gewohnt verwegener Manier, und ein altkluger Bengel, der ihr als Berater im Alltag zur Seite steht, bringt die mit dem Altern in Zusammenhang stehenden Fragen frech auf den Punkt.

«Stefs Mundart ist einzigartig in ihrer Phonetik und in ihrer raubeinigen Umgebung, die aber absolut stimmig ist. […] Stef ist Kult!»
Manuela Hofstätter, lesefieber.ch

Inhaut